Lumina nova

Texte und Übungen

auf der Grundlage von Litora erarbeitet von
Inge Mosebach-Kaufmann, Hubert Müller
und Martina Steinkühler

2. Auflage

Vandenhoeck & Ruprecht

ISBN 978-3-525-71051-7

Theaterstraße 13, D-37073 Göttingen
Vandenhoeck & Ruprecht LLC, Bristol, CT, U.S.A.
Internet: www.v-r.de

Printed in Germany.
Satz und Lithos: SchwabScantechnik, Göttingen.
Druck und Bindung: ⊕ Hubert & Co GmbH & Co. KG,
Robert-Bosch-Breite 6, D-37079 Göttingen

Gedruckt auf chlorfrei gebleichtem Papier.

Zur Einführung

Lumina Nova richtet sich an Schülerinnen und Schüler, die Latein als dritte Fremdsprache lernen.

28 Lektionen vermitteln einen Einblick in die Welt der Römer mit Texten aus verschiedenen Themenbereichen: römischer Alltag, Politik, Geschichte ebenso wie mythologische Geschichten, die durch ihre Rezeption die europäische Kultur mit geprägt haben. Danach geht es um die Entwicklung des Christentums. Die letzten Lektionen des Lehrgangs erlauben einen Ausblick auf das Ende des Mittelalters: den Humanismus sowie die Entdeckung der »Neuen Welt«, Amerika.

Eine Lektion besteht aus vier Teilen auf sechs Seiten:
- Ein Einleitungstext führt zu Beginn einer jeden Lektion ins Thema ein und vermittelt Sachwissen über die Römer und ihre Zeit.
- Die folgende Doppelseite enthält den lateinischen Lektionstext mit Aufgaben zur Texterschließung und Interpretation.
- Anschließend werden auf einer Doppelseite vielfältige Übungen zur Festigung der neu erarbeiteten Grammatik angeboten. Sie sind nach ihrem Übungsschwerpunkt geordnet: Aufgaben zur Wortschatzarbeit, Formenlehre, Syntax, Sprachreflexion und Übungen zum kontextadäquaten Übersetzen. Die Übungen sind binnendifferenziert:
  Übungen, die besonders der Wiederholung dienen, sind blau gekennzeichnet.
  Grün markiert sind Aufgaben, die etwas schwieriger sind, weil sie einen größeren Reflexionsgrad voraussetzen oder die aktive Bildung von Formen verlangen.
- Am Ende einer jeden Lektion bietet eine zusätzliche Seite Gelegenheit zur Festigung und Vertiefung des erworbenen Wissens: Methodenwissen, kurze Übersichten über die zentralen Grammatikphänomene und Anregungen zum Weiterdenken.

Die zweite Auflage unterscheidet sich in folgenden Punkten von der ersten:
- Ab Lektion 20 sind die Lektionstexte (mit Ausnahme schwieriger Sätze) nicht mehr kolometrisch gedruckt.
- Der Band enthält zwei neue Methodenseiten zu Textgrammatik und Textvorerschließung: In Lektion 11 werden Sachfelder und Proformen behandelt, in Lektion 19 geht es um die logische Struktur eines Textes (Konnektoren). Die Arbeitsaufträge zur Texterschließung sind daran angepasst.
- Lektion 11 enthält eine neue Vokabel (noscere), anhand der die resultative Funktion des Perfekts behandelt werden kann.

Inhalt

Quellennachweis

Texte

Rita Amedick und Carmen Sohn: 92

PONS Wörterbuch für Schule und Studium Latein-Deutsch, PONS GmbH Stuttgart 2007: 152

Abbildungen

Akademische Mitteilungen 13 Schicksal von Bärbel Bosch-Ernst und Riccarda Doleschel: 111

akg-images/British Library: 70

akg-images/Erich Lessing: 143

akg-images/Rainer Hackenberg: 154

akg-images: 160

Archäologisches Institut der Universität Göttingen (Fotos: Stephan Eckardt): 11, 17, 47, 92

bpk/Antikensammlung, SMB/Johannes Laurentius: 125

www.digitalstock.de: 15, 27, 33, 39, 45, 51, 69, 75, 81, 93, 99, 105, 117, 129, 135, 141, 147, 159, 165, 171

Directorate General of Antiquities, Libanon: 53

Foto EDMZ B. Nicod: 80

Dorothea Heise: 23

M. Dunand: 53

Michael J. Fabian: 9

Interfoto: 136

Henning Kaiser/ddp: 57

HELGA LADE FOTOAGENTUR: 130 l. o., r. u., l. u.

KaKi/Helga Lade: 167

Joachim Köhler: 78

Rebecca Meyer: 140

Hubert Müller, Sasbach: 28, 106

OKAPIA KG: 130 r. o.

RLMT/Thomas Zühmer: 82

© 1990, Photo Scala, Florenz/mit Genehmigung des Ministero Beni e Att. Culturali: 40

Frank Schoepper: 21

www.shutterstock.de: 63

Tschanz-Hofmann/Helga Lade Fotoagentur: 94

Thomas Woodward: 87

Alle anderen Abbildungen: Verlagsarchiv

Umschlagabbildung: Stiftung Archäologie, München/Universität Heidelberg, Foto: D. Rehm

Non vitae, sed scholae …

Nicht für das Leben, sondern für die Schule lernen wir. – Eine nüchterne Bilanz, die der römische Philosoph Seneca da zieht! Aber viele Schülerinnen und Schüler werden ihm beipflichten. Schule läuft leicht Gefahr, zu reinem Selbstzweck zu werden. Das ist heute nicht anders als damals.

Werfen wir einen Blick in das römische Schulsystem. Wir beginnen mit der Elementarschule. In einem schäbigen Klassenraum, nur durch einen Vorhang von der Straße getrennt, sitzen Jungen und Mädchen im Alter zwischen 7 und 12 Jahren auf Holzschemeln, die Wachstafel auf dem Schoß, und versuchen, dem Diktat ihres Lehrers zu folgen. Fehler werden streng geahndet. Prügel ersetzen motivierenden Unterricht. Um seinen Job ist der Lehrer freilich nicht zu beneiden. Als ehemaliger Sklave lebt er von dem bescheidenen Schulgeld, das ihm die Eltern zahlen (oder auch nicht!). Sein soziales Ansehen ist miserabel.

Kaum weniger streng, dafür etwas qualifizierter geht es in der weiterführenden Literaturschule zu. Hier werden Schüler, meist Jungen aus gut situierten Familien, von einem recht ordentlich bezahlten *grammaticus* in griechischer und lateinischer Literatur unterrichtet. Der Unterricht läuft stets nach dem gleichen Strickmuster ab. Die Textarbeit beginnt mit der *praelectio* (Vorlesen), es folgt die *enarratio* (Einzelanalyse). Am Ende steht die *crisis* (moralische Bewertung).

Die Eintönigkeit ändert sich auch in der Rhetorikschule nicht. Ihr Besuch bildet den Abschluss der Schullaufbahn und ist Voraussetzung für eine politische Karriere. Weil sie sehr teuer ist, steht sie nur wenigen offen. Die Lehrer sind in der Regel namhafte Redner und Anwälte. Aber oft haben die Übungsreden nur wenig mit echten Fällen zu tun.

1. Zeichne ein Schema des römischen Schulsystems. Versuche deine Kenntnisse mithilfe von Sachtexten zu vertiefen.
2. Formuliere deine eigenen Erwartungen an die Schule. Diskutiere mit Seneca in Bezug auf den Spruch.

In der Schule

Mārcus discipulus est. Tabellam[1] tenet.
Scholam[2] intrat, grammaticum[3] salūtat.
Libenter discit.
Grammaticum[3] autem timet.
Nam grammaticus[3] saepe īrātus est.

Atticus grammaticus[3] est.
Mārcum nōn salūtat, nam Lūcium audit.
Etiam Lūcius discipulus est. Fābulam Graecam legit.
Fābulam legere iuvat.
Fābula Mārcum nōn dēlectat,
nam Mārcus eam[4] saepe audīre dēbet.
Atticus autem Lūcium laudat.

Quīntus discipulus libellum[5] scrībere studet.
Scrībere saepe nōn placet, nam errāre nōn licet.
Atticus libellum[5] legit et errōrem invenit.
Quīntum vituperat et valdē clāmat.

Nunc timor māgnus est, nunc Mārcus legere dēbet.
Mārcus nōn errat. Atticus nōn clāmat.
Fābulam autem legere nōn iam dēlectat.

Errāre hūmānum[6] est.

1 **tabella** *f.*: Schreibtäfelchen
2 **schola** *f.*: Schule
3 **grammaticus** *m.*: Lehrer *einer weiterführenden Schule*
4 **eam** *Akk. Sg. f.*: sie
5 **libellus** *m.*: Aufsatz
6 **hūmānum:** menschlich

Schulszene. Relief auf einem in Neumagen gefundenen Grabmal, um 200 n. Chr. Rheinisches Landesmuseum Trier. Gipsabguss, Archäologisches Institut der Universität Göttingen.

Vor dem Übersetzen

1. In der Schule sind heute wie damals Lehrer und Schüler die Hauptpersonen: Welche Verben im Text sind eher dem Lehrer, welche eher den Schülern zuzuordnen? Ziehe das Vokabelverzeichnis hinzu.
2. Der Text ist in einzelne Abschnitte eingeteilt. Lies sie und finde mithilfe des Vokabelverzeichnisses heraus, worum es jeweils geht.

Nach dem Übersetzen

3. Im Lektionstext wird ein *grammaticus* erwähnt. Erkläre mithilfe des einführenden Informationstextes, um welche Schulstufe es sich handelt und welche Phase des Unterrichts beschrieben wird.
4. Welche Einzelheiten der Schulszene sind auf dem Relief wiederzuerkennen? Benenne Personen und Gegenstände mit dem Vokabular der Lektion.
5. Die Schulszene ist auf einem Grabmal abgebildet. Was könnte der Grund sein?
6. Kommentiere das Sprichwort. Stelle einen Zusammenhang zur Schulszene des Textes her.

Vokabeln

1. Stelle aus dem Lektionstext alle Wörter zusammen, die Sätze miteinander verknüpfen (Konnektoren). Erläutere ihre semantische Funktion (d.h. ihre inhaltliche Aussage).

   Beispiel:
   In Zeile 4: »autem« bezeichnet einen Gegensatz zum vorher Gesagten. Im vorigen Satz tut Marcus etwas gern (»libenter discit«), im folgenden aber hat er Angst (»timet«).

2. Nenne die lateinischen Wörter, aus denen die folgenden italienischen Begriffe hervorgegangen sind.
   tenere, salutare, errare, essere, scrivere, leggere, non, dilettare, chiamare, piacere, l'errore, entrare.

Wortformen

3. a) Verwandle: Infinitiv → 3. Person Singular
   3. Person Singular → Infinitiv

salutat →		clamare →		licet →		timere →	
invenit →		debere →		audit →		errare →	
est →		legere →		scribit →		discere →	

b) Gib an, welcher Konjugation die Verben angehören.

c) Lies die Verben laut. Achte besonders darauf, ob die vorletzte Silbe der Infinitive lang oder kurz ist.

Syntax

4. Auf den Wachstafeln wurde in der Regel ohne Punkt und Komma geschrieben, meist gab es auch keine Abstände zwischen den Wörtern. Entziffere den folgenden Text und übersetze ihn.

   MARCVSDISCIPVLVSATTICVMSALVTATNVNCLVCIVSINTRATET
   SALVTATATTICVSAVTEMTACETNAMMARCVSLIBELLVMRECITATA
   TTICVSFABVLAMAVDITETMARCVMVALDELAVDATFABVLAENIM
   PLACET

   tacere: schweigen – **libellus** *m.*: Aufsatz – **recitare:** vorlesen – **enim:** nämlich

5. Beim Abschreiben lateinischer Texte in den Klöstern des Mittelalters sind gelegentlich Unfälle passiert. Hier ist ein Tintenfass umgekippt und über der kostbaren Handschrift ist etwas Tinte ausgelaufen. Stelle den Text wieder her und übersetze ihn.

   Luciu● discipulu● est. Tabell● tene●. Atticum grammaticum saluta● et fabul● leg●. Atticus audi●, tum discipu● vitupe●. Luci● iterum leg● debet, iterum erra●. Et Attic● clamat et clamat et clamat.

   Der Klecks kann für einen oder auch mehrere Buchstaben stehen.
   tabella *f.*: Schreibtäfelchen – **grammaticus** *m.*: Lehrer *einer weiterführenden Schule* – **tum:** dann – **iterum:** wiederum, noch einmal

6. Bediene dich aus dem Wortspeicher. Bilde zehn kurze Sätze aus Subjekt, Prädikat und, wenn möglich, Objekt. Achtung: Bei der Verwendung als Objekt musst du die Substantive verändern.

Subjekte (bzw. nach entsprechender Anpassung Objekte)	Prädikate
Marcus, Quintus, Lucius, Atticus, grammaticus, discipulus, tabella, fabula, scribere, legere, clamare	intrat, salutat, tenet, timet, scribit, laudat, legit, delectat, placet, discit, iuvat

grammaticus *m.*: Lehrer *einer weiterführenden Schule* – **tabella** *f.*: Schreibtäfelchen

Übersetzung

7. Übersetze den Text und achte besonders auf die Wahl des Artikels.
   Marcus discipulus scholam intrat et grammaticum salutat. Grammaticus non salutat; Lucium audit. Nam Lucius fabulam legit. Fabula Marcum non delectat; saepe eam audire debet.

   schola *f.*: Schule – **grammaticus** *m.*: Lehrer *einer weiterführenden Schule* – **eam** *Akk. Sg. f.*: sie

   In welchem Kontext (= inhaltlichen Zusammenhang) ist der bestimmte, in welchem der unbestimmte Artikel gebräuchlicher?

8. »Delectare« hat die Grundbedeutung »erfreuen«; doch oft ist eine andere Wiedergabe treffender. Übersetze in möglichst gutes Deutsch:
   Fabula Marcum non delectat.

   Suche im Text nach weiteren Beispielen, bei denen eine freie Übersetzung schöner ist.

Vokabellernen

Für das Lernen lateinischer Vokabeln gilt grundsätzlich das, was du im Englisch- oder Französischunterricht an Tipps erhalten hast. Ob du noch die wichtigsten Grundregeln für das Vokabellernen kennst, kannst du selbst überprüfen, indem du die Zahlen der guten Tipps aufschreibst; sie ergeben – in die richtige Reihenfolge gebracht – eine Jahreszahl, die für die Geschichte Roms von Bedeutung ist.

1. Ich lerne einmal in der Woche Vokabeln und das dann richtig.
2. Plenus venter non studet libenter: Ein voller Bauch studiert nicht gern; deshalb nutze ich die »tote« Zeit nach dem Mittagessen zum Vokabellernen.
3. Ich arbeite mit Karteikärtchen, auf die ich die Vokabeln schreibe, und einem Karteikasten mit fünf Fächern. Die Vokabeln, die ich gut kann, wandern jeweils in das nächste Fach.
4. Ich lese mir die Vokabeln nur durch; für das Schreiben würde ich zu viel Zeit verbrauchen und lautes Vorsagen ist mir zu blöd – was sollen denn die Nachbarn denken.
5. In meinem Karteikasten hole ich ab und zu die Karteikärtchen, die ganz nach hinten gewandert sind, wieder vor, um sie zu wiederholen.
6. Vokabeln wollen »gebirnt« sein, also muss man sie sich richtig in den Kopf hämmern.
7. Ich versuche, mit jeder Vokabel etwas zu verbinden; sei es ein Fremdwort oder ein Wort aus dem Englischen oder Französischen, eine Person, einen Geschmack, eine Farbe oder irgendeine Eselsbrücke.

Von den 38 Lernwörtern der Lektion sind es vermutlich nur folgende 13 Vokabeln, die du nicht mit einem Fremd- bzw. Lehnwort oder einem englischen oder französischen Wort verbinden kannst:

libenter – autem – timere – nam – saepe – iratus – etiam – iuvat – vituperare – valde – nunc – timor – non iam

Bei diesen Wörtern hilft dann oft nur eine Eselsbrücke oder ein Spruch: Plenus venter non studet libenter – ein voller Bauch studiert nicht gern. Da hast du übrigens gleich drei neue Vokabeln mitgelernt.

Typisch italienisch!?

Wahrscheinlich isst du gern italienisch: Pizza, Spaghetti? Das alles gab es bei den Römern noch nicht. Sie hatten für ihre Gerichte nicht einmal die »typisch mediterrane« Tomate zur Verfügung. Dennoch aßen sie gern und gut.

Die Hauptmahlzeit des Tages war die *cena*, das Abendessen. Bei reichen Römern konnte sie sich über mehrere Stunden hinziehen. Man begann mit leichten Vorspeisen, wie Oliven, Eiern und Salaten, servierte dann verschiedene Hauptgerichte und reichte zum Schluss Süßspeisen und Obst. Die Speisen waren stark gewürzt. Beliebt waren Kräuter, aromatische Gewürze, allen voran Pfeffer und – nicht zu vergessen! – die unvermeidliche Fischsauce, *liquamen,* auch *garum* genannt. Einen guten Koch beurteilte man danach, wie raffiniert er mit Gewürzen den Geschmack eines Lebensmittels zu verändern verstand. Sehr beliebt waren Fischgerichte. Fisch wurde von überall importiert und war auch für die ärmere Bevölkerung erschwinglich. Man verarbeitete ihn frisch, getrocknet und gesalzen.

Römische Gerichte würden wir heute eher als Fingerfood bezeichnen. Mundgerecht vorbereitete Speisen wurden so auf Tischen angerichtet, dass sich jeder bequem selber bedienen konnte. Dazu waren je drei *Klinen* (Speisesofas) um einen Tisch platziert. Gegessen wurde mit den Fingern, gegebenenfalls mit Löffeln. Die Hände reinigte man zwischendurch mit parfümiertem Wasser.

Die gehobene römische Küche ähnelt der der modernen Erlebnisgastronomie. Man liebte das Speisen in geselliger Runde. Eine *cena* konnte sich bis tief in die Nacht hinziehen und endete nicht selten mit einer *commissatio* (Trinkgelage). Zwischen den einzelnen Gängen unterhielt der Gastgeber seine Gäste mit Gesellschaftsspielen, Tanzpräsentationen, Lesungen und Musik.

1. Erläutere den Begriff *cena.* Wo gibt es Gemeinsamkeiten und wo liegen die Unterschiede in der römischen und unserer Esskultur?
2. Was essen eigentlich die Sklaven und die ärmere Bevölkerung? Recherchiere im Internet und schreibe einen ergänzenden Abschnitt für den Informationstext.
3. Kochen wie die Römer kannst du auch. Schau in die Rezepte des *Apicius.* Du findest sie beispielsweise im Internet.

Gäste kommen

Cornēlius dominus et Iūlia uxor saepe amīcōs ad cēnam invītant. Etiam hodiē amīcōs exspectant. Itaque servī et ancillae bonam cēnam parāre dēbent.

Sibylla et Domitilla ancillae sunt: Cibōs emunt, cēnās parant, mēnsās ōrnant. Hodiē apud piscātōrem[1] multōs piscēs[2] emunt. Tum per viās ambulant. Mercātōrēs leporēs[3], pullōs[4], porcōs[5] laudant, nucēs[6] et olīvās[7] vendunt. Interim Syrus et Lȳdus servī lectōs cibāriōs[8] parant et mēnsās apportant.

Amīcī adveniunt – et valdē contentī sunt: Aliī piscēs[2], aliī nucēs[6] et olīvās[7] amant. Dominus et domina ancillās laudant, quod cibī tam bonī sunt. Servī autem contentī nōn sunt; nam eōs[9] nēmō laudat.

Pecūnia nōn olet.[10]

1 **piscātor,** piscātōrem *m.:* Fischhändler
2 **piscis,** piscem *m.:* Fisch
3 **lepus,** leporem *m.:* Hase
4 **pullus,** pullum *m.:* Huhn
5 **porcus,** porcum *m.:* Schwein
6 **nux,** nucem *f.:* Nuss
7 **olīva** *f.:* Olive
8 **cibārius:** zum Speisen gehörig, Speise-
9 **eōs** *Akk. Pl. m.:* sie
10 **olet:** er, sie, es stinkt

Metzgerei. Relief an einem Grabbau bei Rom. Dresden, Skulpturensammlung. Gipsabguss, Archäologisches Institut der Universität Göttingen.

Vor dem Übersetzen

1. Von wem ist jeweils die Rede? Welche Tätigkeiten werden den einzelnen Personen zugeordnet? Zitiere lateinisch und trage die Antworten in eine Tabelle ein.

Person(en)	Tätigkeit

2. Was gibt es bei dieser Einladung zu essen? Ziehe die Marginalspalte hinzu.
3. Gib den einzelnen Abschnitten Überschriften.

Nach dem Übersetzen

4. Welcher gesellschaftlichen Schicht gehören die Gastgeber an? Belege deine Ansicht mit lateinischen Zitaten aus dem Text.
5. Schaue dir die Namen der männlichen Sklaven an und suche eine Erklärung für die Namensgebung.

Vokabeln

1. Bilde aus dem Silbenvorrat Zeitadverbien. Die Silben, die übrig bleiben, ergeben in der richtigen Zusammensetzung den Raum, in dem die *cena* stattfindet.
   cli – di – e – ho – in – ni – nunc – pe – rim – sae – te – tri – tum – um

2. In der Buchstabenschlage verbergen sich vier Verben. Finde sie und gib ihre Bedeutungen an.

   BLITDEBENTUTUMLPRPORTAREFIAMONUXADVENITDLIPLACET

Wortformen

3. Verwandele in den Singular bzw. Plural.
   intrat → ____; ancillam → ____; multos cibos → ____; debent → ____;
   amici adveniunt → ____; emit → ____; fabulae → ____;
   cibus bonus → ____; errorem magnum → ____; uxores contentae → ____;
   uxorem laudat → ____; fabulas audiunt → ____;
   amici valde contenti sunt → ____; cenam bonam parat → ____

4. Suche zu den Substantiven aus der linken Spalte mindestens ein passendes Adjektiv aus der rechten Spalte. Übersetze die Wendungen.

Substantive	Adjektive
amici, cenam, ancillas, cibos, Domitilla, mercatorem, mensam, domina, dominus, amicum, viae, uxor, errores	contentus, contenti, contenta, contentum, magnus, magni, magnae, magnam, magnas, magnos, bona, boni, bonum, bonam, bonos, bonas, irata, iratus, irati, iratum, iratas, multi, multae, multos, multas

Syntax

5. Übersetze folgenden Text. Bestimme die Satzglieder.
   Marcus tabellam apud mercatorem emit. Tum ad scholam ambulat. Per vias ambulare valde iuvat. Apud grammaticum autem sedere non delectat.

   tabella *f.*: Schreibtäfelchen – **schola** *f.*: Schule – **grammaticus** *m.*: Lehrer *einer weiterführenden Schule* – **sedere:** sitzen

6. Wieder einmal Tintenkleckse! Ergänze und übersetze.
Marcus et Quintus discipul● su●. Fabulas Graec● leg●. Fabulas leg● iuv●. Etiam scrib● saepe plac●. Attic● autem errores magn● inven●. Quint● et Marc● discipul● vituper●. Valde irat● e●.

Der Klecks kann für einen oder auch mehrere Buchstaben stehen.

7. Bestimme dreifach: Wortart, Wortform, Satzgliedfunktion.
Beispiel: Hodie dominus servos laudat.

	Hodie	dominus	servos	laudat.
Wortart	Adverb	Substantiv	Substantiv	Verb
Wortform		Nom. Sg. m.	Akk. Pl. m.	3. Pers. Sg.
Satzglied	Adverbiale	Subjekt	Objekt	Prädikat

Hodie Iulia ancillas laudat.
Servi semper cenam parant.
Atticus Marcum valde vituperat.

Übersetzung

8. Finde für folgende Wendungen treffende deutsche Formulierungen:
Ancillae mensam ornant.
Amici contenti sunt.
Mercatores pullos, lepores, porcos laudant.

pullus *m.*: Huhn – **lepus** *m.*: Hase – **porcus** *m.*: Schwein

Sprachvergleich

9. Schreibe die Tabelle ab und fülle die Lücken. Wie verändert sich im Lateinischen, Deutschen und Englischen das adjektivische Attribut?

	Deutsch	Englisch	Latein
Nom. Sg.	die gute Freundin		
Nom. Pl.			
Akk. Sg.			
Akk. Pl.			

10. Erkläre aus dem Lateinischen: Was ist eine Mensa, ein Bonbon, eine Ambulanz? Was versteht man unter Multivitaminsaft und warum wohl heißt bei Jules Vernes der große Unbekannte »Kapitän Nemo«?

Logik lernen? – die Konstruktionsmethode

Oft hört man, im Lateinunterricht lerne man »logisch zu denken«. Ist da etwas dran? Nehmen wir einen sehr kurzen lateinischen Satz und danach einen längeren und denken darüber nach, wie man an die Übersetzung des Satzes jeweils herangeht.

Emit.

Dies ist ein ausgesprochen kurzer Satz, aber er ist vollständig. Die Endung des Prädikats zeigt uns das Subjekt, die Person, die kauft: Er/sie/es kauft. Der Blick auf den kleinen Buchstaben am Ende des Prädikates ist also wichtig, dies bleibt während deiner ganzen Laufbahn als Lateinschülerin oder Lateinschüler so: Es kommt hier auf genaues Hinsehen an.

Interim Syrus et Lydus mensas apportant.

Wenn wir die Methode aus Satz 1 anwenden, dann gilt der erste Blick dem Prädikat (P): apportant. Das Prädikat endet auf -nt; daraus können wir schließen, dass das Subjekt im Plural steht.

Wir fragen »Wer oder was bringt herbei?« Die Antwort steht im Nominativ: Syrus et Lydus.

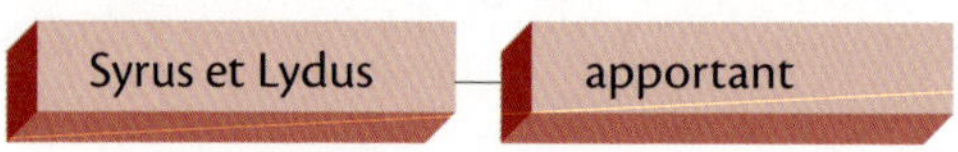

Das Prädikat hat sein Akkusativobjekt dabei; ich frage: »Wen oder was bringen sie herbei?« mensas.

Bleibt noch die Antwort auf die Frage, wann die Handlungen stattfinden. Darüber informiert uns die adverbiale Bestimmung der Zeit: interim.

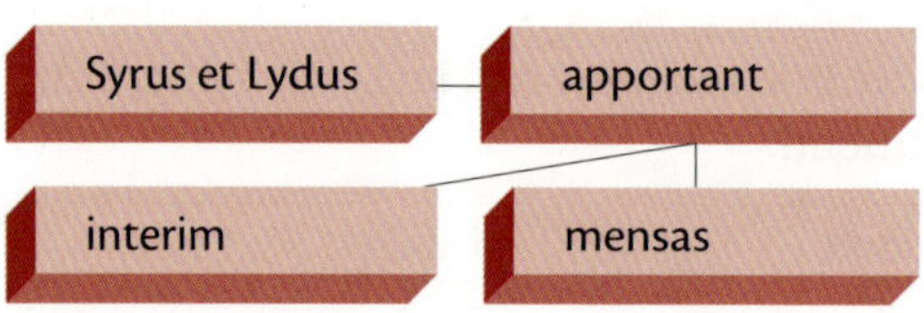

Dieses systematische Vorgehen bezeichnen manche als »logisch«. Dagegen kann man einwenden: Latein ist doch eine Sprache wie jede andere auch. Die Römer haben doch auch nicht von hinten, also vom Prädikat aus, ihre Sätze beim Sprechen durchkonstruiert. Stimmt. Aber ganz offensichtlich haben sie ein wenig anders beim Bauen der Sätze gedacht. Wie? – Dem werden wir in der nächsten Lektion nachgehen.

Ewig (lautes) Rom

In Rom lernt man sie schätzen: schalldichte Fenster! Rom, das heißt pulsierendes Leben im 24-Stunden-Takt. In engen Gassen auf hallendem Kopfsteinpflaster drängen sich die Menschen. Hupende Autos und die unvermeidlichen Vesparoller schlängeln sich durch die Menge. Polizeistreifen jagen mit heulenden Sirenen durch die Straßen.

Die Römer nehmen es gelassen. Rom war immer eine laute Stadt. In der Antike galt das vor allem für die *Subura,* einen Stadtteil, der sich vom Tiber aus zwischen Esquilin und Viminal erstreckte. Dicht bebaut mit Mietskasernen, sogenannten *insulae,* war sie nichts für schwache Nerven. In unkomfortablen und hellhörigen Wohnungen lebte hier die ärmere Stadtbevölkerung. Kindergeschrei mischte sich mit dem Lärm der Tavernen und Handwerksbetriebe.

Die Luft war stickig und roch unangenehm nach Müll und Ammoniak. Da es keine Müllabfuhr gab, warfen die meisten Anwohner ihre Abfälle einfach auf die Straße. Zur Vermeidung von gefährlichem Funkenflug durfte während der Sommermonate in Privatwohnungen nicht gekocht werden. Garküchen boten stattdessen preiswertes Essen an. Es gab sogar schon eine organisierte Feuerwehr. Die Angst der Römer vor Feuersbrünsten war berechtigt. So waren im Juli des Jahres 64 n. Chr. weite Teile der Stadt ein Opfer der Flammen geworden.

Bei Tage durften keine Wagen fahren. Der gesamte Güterverkehr musste in den Nachtstunden abgewickelt werden. Naturgemäß legte man dabei wenig Rücksicht auf das Ruhebedürfnis der Bewohner. Nächtliche Heimkehrer sorgten für zusätzliche Störungen. Weil es keine Straßenbeleuchtung gab, waren Überfälle auf Passanten an der Tagesordnung. Vornehme Römer ließen sich meist nur in Sänften durch die *Subura* tragen. Sklaven mit Schlagstöcken begleiteten sie.

1. Die Brandgefahr in Rom war allgegenwärtig. Erläutere Gründe und Gegenmaßnahmen. Erweitere deine Kenntnisse gegebenenfalls mithilfe von Sachbüchern und / oder dem Internet.
2. Über welche Missstände könnten heute die Bewohner einer Großstadt klagen?

In der Großstadt Rom

Marcia unterhält sich mit ihrem Nachbarn Publius von Fenster zu Fenster:

Mārcia: Ehem[1], vīcīne! Salvē!
Pūblius: Hēia[1], Mārcia, salvē et tū! Quid agis?
Mārcia: Egō? Nihil agō, ē fenestrā[2] spectō. –
Fessa sum etiam post noctem.
Pūblius: Etiam egō hīc dormīre nōn possum.
Nōn sōlum vīcīnōs audīmus;
nōnne etiam tū mercātōrēs audīs?
Et noctū[3] māteriam[4] per viās vehunt!
Mārcia: Et egō audiō nec[5] dormiō …
Pūblius: Fūr[6] aliquem[7] opprimit. –
Miser clāmat. Egō adiuvāre nōn possum. –
Num Herculēs[8] sum?
Num noctū[3] per viās eō?
Mārcia: Et iste[9] Atticus magister! Clāmat et clāmat.
Audī: Etiam nunc clāmat, discipulōs ferit[10],
discipulī clāmant …
Tiberius: *(iūxtā[11] Mārciam ē fenestrā[2] spectat)*
Salvē, Pūblī!
Iste[9] magister! Iste[9] clāmor!
(clāmat) Hēia[1] tū, Attice! Dīmitte discipulōs
miserōs! Tacē! Nōnne audīs?
Pūblius: *(clāmat)* Vōs magistrī! Cūr semper clāmātis?
Īte aut tacēte!
Mārcia: Ibī Titus it! –
Spectā autem ibī Clōdium vīcīnum!
Iste[9] Clōdius matellam[12] ē fenestrā[2] effundit[13].
Cavē, Tite!
Tiberius: Nunc autem nōs labōrāre dēbēmus, Pūblī!
Ī mēcum[14]!
Mārcia: Etiam mē popīna mea[15] ad labōrem vocat.
Vīsitāsne nōs post labōrem, Pūblī?
Tē invītāmus.
Cēnam parāmus.
Pūblius: Libenter veniō, Mārcia.
Egō autem vīnum[16] apportō.
Venī mēcum[14], Tiberī!
Valē, Mārcia!

1 **Ehem!, hēia!:** He!, Hallo!
2 **ē fenestrā** *f.*: aus dem Fenster
3 **noctū** *Adv.*: bei Nacht
4 **māteria** *f.*: Baumaterial
5 **nec:** und nicht
6 **fūr** *m.*: Dieb
7 **aliquem** *Akk.*: jemanden
8 **Herculēs** *m.*: *Halbgott, Held der Tapferkeit und Stärke*
9 **iste** *m.*: dieser da
10 **ferīre,** feriō: schlagen
11 **iūxtā** + *Akk.*: neben
12 **matella** *f.*: Nachttopf
13 **effundere,** effundō: ausgießen
14 **mēcum:** mit mir
15 **popīna mea:** mein Speiselokal, meine Wirtschaft
16 **vīnum** *hier Akk.*: Wein

Straße mit Trittsteinen in Pompeji.

Vor dem Übersetzen

1. Lest den Text mit verteilten Rollen: Über welche Themen unterhalten sich Marcia, Publius und Tiberius? Zieht auch das Vokabelverzeichnis hinzu.
2. An welchen Stellen des Textes sprechen sie von sich selbst, wo sprechen sie sich gegenseitig an, und wo reden sie über andere?
3. Welche Stimmung herrscht in dem Dialog vor? Stelle die sprachlichen Mittel zusammen, die diese Stimmung erzeugen.

Nach dem Übersetzen

4. Lest den Text nach der Übersetzung nochmals und versucht die Stimmung im Dialog auszudrücken.
5. Stelle aus dem Lektionstext Aspekte zusammen, die Marcias Alltag in der *insula* prägen. Zitiere lateinisch.
6. Straße in Pompeji: Informiere dich darüber, was in Pompeji vom Alltagsleben zur Zeit der Römer heute noch zu sehen ist.

Vokabeln

1. Stelle Verben und Substantive zum Sachfeld »Sklavenleben« zusammen (Beispiel: servus, laborare, ...).

2. Suche Verben, die inhaltlich zu den folgenden Substantiven passen.
(Beispiel: mercator – vendere)
dominus, discipulus, magister, vicinus, mensa, fabula

Wortformen

3. Nenne für die unten aufgeführten Verben jeweils die 1. Person Singular. Übersetze dann beide Formen.
invitant, debet, sunt, opprimere, ambulas, vendunt, vale, audis, eunt, posse

4. Ersetze die Formen von ambulare durch entsprechende Formen von ire.
ambulant – ambula – ambulas – ambulate – ambulo – ambulamus – ambulatis – ambulat

5. Bilde die entsprechenden Formen von esse und posse.
(Beispiel: vendunt – sunt – possunt)
ago – clamat – venimus – visitas – eunt – spectatis

6. Verwandle in den Singular bzw. Plural.
amo → ____ ; agitis → ____ ; opprimunt → ____ ; dimittimus → ____ ; venis → ____ ; cavemus → ____ ; dormio → ____

7. Vervollständige die Kette der Pronomina.

ego	→		→		→		→		→	
1. Pers.		Akk.		Pl.		2. Pers		Sg.		Nom.

8. Ergänze zu den Substantiven die jeweils passende Form von »miser«. Beachte Kasus, Numerus und Genus.
discipuli – magistrum – amicae – vicinus – ancilla – mercatorem

Setze anschließend die Wendungen im Singular in den Plural und umgekehrt.

9. Bilde den Nominativ Singular von folgenden Formen.
amicos, ancillae, servi, mensam, cibi, vias, magistri, laborem, vicinum

10. Bestimme folgende Formen:
   a) amo, nemo, ego, eo
   b) multos, vos (2), miseros, nos (2)
   c) hodie, amice, me, tace, ire, lege, valde, te, vicine

Syntax

11. Stell dir vor, du als Gastgeber(-in) begrüßt / verabschiedest die im Folgenden aufgeführten Gäste. Was sagst du?
    Lucius, Marcus, Lydia, amici, Titus, Iulius et Corinna, amicae

12. Entziffere die beiden Texte und übersetze sie.
    TITUSCLAMATSALVETEAMICAE
    IULIAETMARCIATITUMSALUTANT
    SALVEETTUTITEQUIDAGIS

    ATTICUSMAGISTERADVENITCURSEMPERCLAMATIS
    TITUSSALVEATTICECLAMARENOSIUVAT
    ATTICUSIRATUSESTITEAUTTACETE

13. Schreibe das Gespräch in dein Heft und setze dabei die Verbformen aus dem Wortspeicher in die Lücken ein. Übersetze den entstandenen Text.
    Marcia: ___, Luci et Publi. Quo ___?
    Publius: Ad thermas ___. Et quid ___ tu, Marcia?
    Marcia: Ego ___. Cenam ___, quod amici hodie ___. ___ne etiam vos ad cenam?
    Lucius: Libenter ___. ___!
    Marcia: ___ vos ad decimam horam! ___!

    quo?: wohin? – **thermae,** as *f.*: die Thermen, die Badeanstalt – **decimus,** a: zehnter – **hora,** am *f.*: Stunde

    Wortspeicher:
    agis, exspecto, imus, itis, laboro, paro, salvete, vale, valete, venimus, venitis, veniunt

Logik lernen? – die Dreischrittmethode

Wie haben die Römer beim Bauen der Sätze gedacht? Und wie machen wir daraus einen deutschen Satz? Das wollen wir jetzt herausfinden.

Interim Syrus et Lydus mensas apportant.

In diesem Fall beginnt der Satz mit der adverbialen Bestimmung, die angibt, wann das, was folgt, geschieht. Dies können wir auch im Deutschen nachmachen:

1. Schritt: Erstes Satzglied: adverbiale Bestimmung »interim«; Deutsch: ___ .
2. Schritt: Im lateinischen Satz folgt als zweites Satzglied das Subjekt. Das können wir im deutschen Satzbau so nicht »nachbauen«. Wir benötigen zunächst das Prädikat. Deutsch: ___ . Danach können wir uns aber wieder an die Reihenfolge des lateinischen Satzes halten.
3. Schritt: Alles der Reihe nach. Probiere es: (adverbiale Bestimmung, Prädikat) Subjekt, Akkusativobjekt.

Diese Methode, beim Übersetzen zunächst das erste Satzglied wiederzugeben, dann das Prädikat, dann aber wieder in der Reihenfolge des lateinischen Satzes weiterzumachen, nennt man die »Dreischrittmethode«. Sie funktioniert fast immer. Probiere es mit den Sätzen der Lektion aus.

Erstes Satzglied – Prädikat – alle andere Satzglieder der Reihe nach:

Interim Syrus et Lydus mensas apportant.

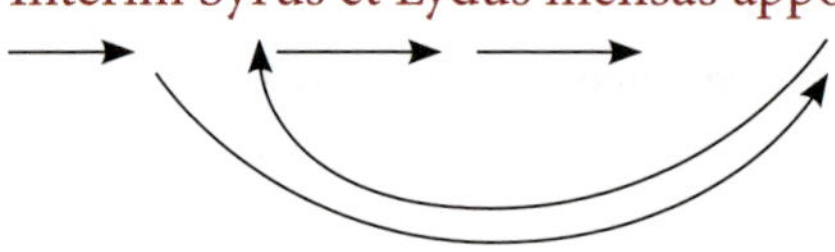

Wie war zu Köln es doch vordem …

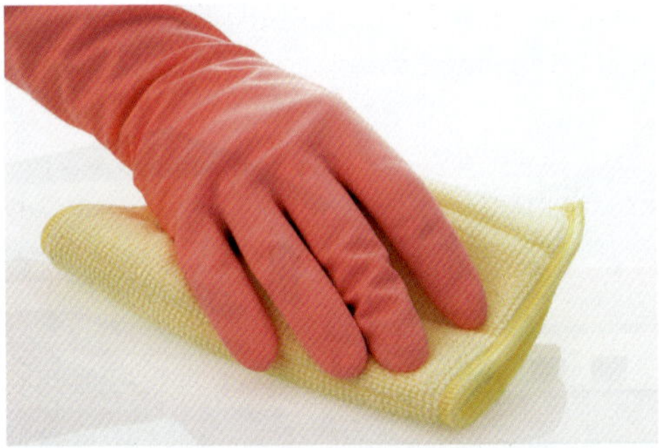

mit Heinzelmännchen so bequem …

Das gibt es nur im Märchen! Man legt sich auf die faule Haut und in der Zwischenzeit erledigen sich alle Arbeiten wie von selbst.

Wir Menschen neigen von Natur aus zu einer gewissen Bequemlichkeit und wälzen vor allem lästige und schwierige Aufgaben gerne auf andere ab. Dass dies seinen Preis hat, finden wir völlig in Ordnung. Zwingt man jedoch einen Menschen gewaltsam zu einer Arbeit, ohne ihn entsprechend zu entlohnen, und entzieht ihm dabei alle Grundrechte, dann sprechen wir von Zwangsarbeit bzw. Sklaverei. Hierzulande ist dies heute ein Straftatbestand.

Bei den Römern waren Sklaven meist Angehörige besiegter Völker oder verschuldete Kleinbauern. Rechtlos, wie sie waren, mussten sie alle Arbeiten widerspruchslos erledigen. Sie waren der Willkür ihres Besitzers ausgeliefert. Er konnte sie jederzeit bestrafen oder verkaufen. Sklaven konnten nicht frei über ihr Leben bestimmen und hatten keinen Anspruch auf Entlohnung. Juristisch galten sie als *res* (Sache). Bekamen sie Kinder, gingen diese in das Eigentum des Sklavenhalters über. Dennoch war Sklaverei bei den Römern nicht gleich Sklaverei. Da war natürlich zum einen das Heer der Arbeitssklaven, die unter teilweise erbärmlichsten Bedingungen auf Landgütern oder in Bergwerken schuften mussten. Aber es gab auch die Sklaven, die als Teil der Familie großes Vertrauen genossen und für ihre Dienste sogar bezahlt wurden. Manche von ihnen hielten sich selber wieder Sklaven oder kauften sich mit ihrem verdienten Geld frei. Viele wurden aber auch aus Dankbarkeit freigelassen. Sie blieben ihren ehemaligen Besitzern oft ein Leben lang freundschaftlich verbunden, so wie Marcus Tullius Tiro, der die Schriften seines ehemaligen Herrn Cicero für die Nachwelt rettete, nachdem dieser 43 v. Chr. politisch geächtet und bald darauf ermordet worden war.

1. Beschreibe das Verhältnis der Römer zu ihren Sklaven.
2. Erweitere deine Kenntnisse zur Geschichte der Sklaverei mithilfe eines Lexikons oder des Internets.

Auf einem Landgut

Die Villa Borg bei Perl-Borg im Saarland.

Titus Iūlius senātor vīllam vīsitat. Fēlīcio, vīlicus Titī, et Safrānia, vīlica et uxor Fēlīciōnis, dominum salūtant. Tum hortum campōsque vīllae spectant. Ubīque servī ancillaeque senātōris labōrant. Labōrēs servōrum ancillārumque māgnī sunt. Aliī frūmentum dēmetunt[1], aliī tēcta horreōrum reparant. Ancillae māla[2] colligunt. Fēlīcio vīlicus Titō dominō mālum[2] dat. Cūnctī, cum dominum vident, maximē sēdulī[3] sunt.

Titus gemit[4]: »Vīta senātōrum dūra est. In urbe[5] semper labōrāre dēbēmus, semper salūtī populī Rōmānī cōnsulimus. Sed nē rūrī[6] quidem ōtium nōbīs est. Semper omnia[7] cūstōdīre dēbēmus.«

1 **dēmetere,** dēmetō: mähen
2 **mālum,** ī *n.*: Apfel
3 **sēdulus,** a, um: fleißig
4 **gemere,** gemō: seufzen
5 **in urbe:** in der Stadt (Rom)
6 **rūrī** *Adv.*: auf dem Land
7 **omnia:** alles

Subitō dominus vīlicō vīlicaeque Dāvum
servum mōnstrat.
Dāvus nihil videt, nihil audit; dormit.
Senex[8] nōn iam pār[9] est labōribus dūrīs.
Titus valdē clāmat; Fēlīciōnem vituperat;
servus catēnīs vincītur[10].

Titus īrātus est:
Titus: Cūr servī tam pigrī sunt?
Fēlīcio: Pigrī nōn sunt, sed nōnnūllī nōn valent.
Titus: Cūr ancillīs gaudium labōris nōn est?
Fēlīcio: Fessae sunt.
Titus: Cūr frūmentum tam parvum est?
Fēlīcio: Mala tempestās[11] …

Postrīdiē dominus et vīlicus
et frūmentum et māla[2] vendunt.
Vendunt etiam Dāvum, servum senem[8].

8 **senex,** senis *m.*: alter Mann, alt
9 **pār:** gewachsen

10 **catēnīs vincītur:** er wird in Ketten gelegt

11 **mala tempestās,** malae tempestātis *f.*: schlechtes Wetter

Vor dem Übersetzen

1. Ordne tabellarisch den hier auftretenden Personen Tätigkeiten zu (verwende hierfür auch das Vokabelverzeichnis).
   - Welche Rollen und Aufgaben haben die Personen?
   - Um welche Themen geht es jeweils in den fünf Abschnitten?

Nach dem Übersetzen

2. Nenne Hintergrundinformationen aus dem Sachtext, die helfen, den Lektionstext zu verstehen.
3. Charakterisiere Titus.
4. Trotz seines Reichtums ist Titus nicht recht zufrieden. Was stört ihn? Wie ist seine Klage sprachlich gestaltet?
5. Römische Dichter verherrlichen gerne das ruhige, friedliche Landleben. Nimm dazu Stellung.

Vokabeln

1. Trage aus den bisher erarbeiteten Lektionen alle Adjektive zusammen; sortiere sie: a) positiv wertend, b) negativ wertend, c) neutral.

2. Streiche alle Neutra aus der folgenden Liste. Die Anfangsbuchstaben der verbleibenden Wörter ergeben ein Lösungswort.
horrea – salutem – ancillis – gaudiis – laborem – vita – frumentum – emere – otii – tum – erroribus

Wortformen

3. Zeichne die Tabelle in dein Heft und fülle die Lücken.

Nominativ	hortus	villa	salus		
Genitiv	horti		salutis		
Dativ					clamori
Akkusativ	hortum	villam		tectum	

Zeichne und fülle in gleicher Weise eine Plural-Tabelle.

4. Ein Wort passt (aus sachlichen oder grammatischen Gründen) nicht in die Reihe. Suche die »schwarzen Schafe« und begründe deine Antwort.
   a) do – video – monstro – subito – colligo – eo – venio
   b) frumentum – campum – otium – gaudium – horreum
   c) uxor – senator – clamor – labor – mercator
   d) contentus – alius – iratus – miser – fessus

5. Ordne den Substantiven aus der linken Spalte passende Adjektive aus der rechten Spalte zu. Übersetze die Wendungen.

Substantive	Adjektive
uxorem, magistri, laboribus, otio, senatores, mensas, vita, dominis, vilicum, gaudium, amicorum, servos, amicam, dominarum, ancillae	bono, contentorum, irati, Romanis, multis, bonam, nonnullos, nonnulli, parvam, magnas, dura, magnum, fessos, cunctarum, miserae, pigrum

Syntax

6. Der Dativ in Kombination mit esse drückt ein Besitzverhältnis aus. Beispiel: Tito Iulio magna villa est. Titus Iulius hat / besitzt ein großes Landgut. Übersetze.

   Senatori magni horti campique sunt. Domino etiam multi servi sunt. Servis autem gaudium laboris non est. Itaque dominus iratus est: »Vicino servi seduli sunt, nobis autem pigri. Aliis magna copia frumenti est, nobis autem parva!« Servi: »Aliis dominus bonus est ...«

   sedulus, a, um: fleißig – **copia,** ae *f.*: Menge

7. Tintenkleckse: Ergänze passende Endungen aus dem Wortspeicher. Übersetze.
   a) Titus Iulius, senator Roman●, vill● visitat.
   b) Felicio, vilicus bon●, domin● sever● hort● magn● et campos magn● monstrat.
   c) Etiam Davus serv● ibi laborat.
   d) Lab● dur● hodie perficere non potest.
   e) Dominus valde irat● est et servum vicin● vendit.

   severus, a, um: streng – **perficere,** io: ausführen

   ores – am – us – us – o – um – um – o – os – us – os – us – is

8. Analysiere nach Wortart, Wortform, Satzglied.
   a) Vilicus domino malum dat.
   b) Vita servorum dura est.

   malum, i *n.*: Apfel

Sprachreflexion

9. Senatores saluti populi Romani consulunt: Wie übersetzt du den Dativ? Was fällt dir auf?

10. Manche Endungen sind mehrdeutig (z.B.: domin-i, ancill-ae).
    Übersetze und beschreibe die Möglichkeiten, diese Formen dennoch richtig zu bestimmen und wiederzugeben.

    Titus Iulius laborem ancillae laudat.
    Ancillae semper laborare debent.
    Dominus bonus ancillae consulit.
    Domini semper servos custodire debent.
    Domini boni vilicus contentus est.

Wortfamilie – Wortfeld – Sachfeld

Eine Wortfamilie umfasst stammverwandte Wörter, z.B.:

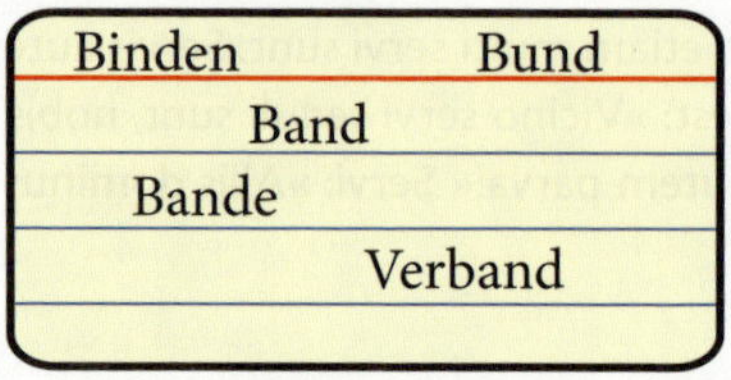

Ein Wortfeld umfasst bedeutungsähnliche Wörter, z.B.:

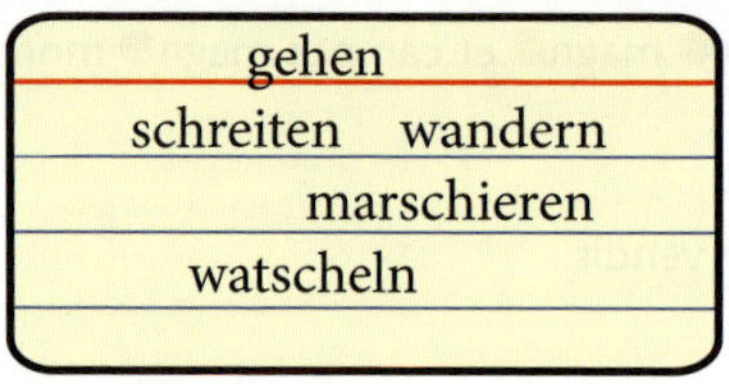

Ein Sachfeld umfasst Wörter, die zu einem Thema passen, z.B.:

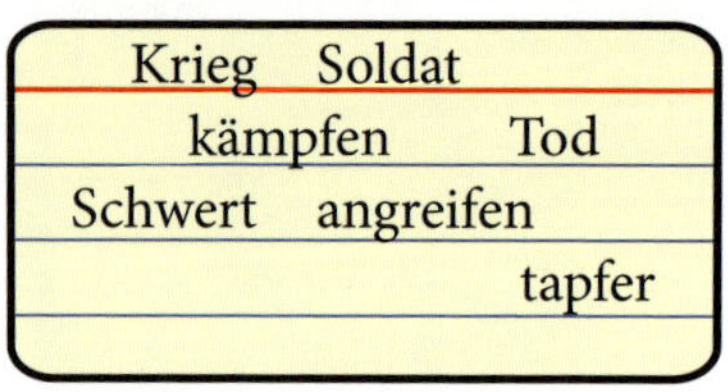

Wie im Abschnitt zum Vokabellernen auf S. 14 beschrieben wurde, ist es wichtig, Vokabeln irgendwo – und sei es an eine Eselsbrücke – anzuknüpfen. Die Bildung von Wortfamilien, Wortfeldern oder Sachfeldern hilft dir dabei.

Wortfamilie: timor, timere
Wortfeld: venire, ambulare, intrare
Sachfeld z.B. zum Thema Schule: discipulus, scribere, legere …

Beim Sammeln von Wörtern eines Sachfeldes findet man meist sehr viele Vokabeln, sodass sich diese oft nochmals unter Überschriften zusammenfassen lassen. Die grafische Darstellung mit einer sogenannten Mind Map hilft dabei, dass man sich die Vokabeln besser einprägen kann.

»Wasser ist zum Waschen da ...«

So heißt es in einem Schlager von 1956. Damals war es noch üblich, nur samstags zu baden. Oft ersetzte ein Waschzuber in der Küche die Badewanne. Denn was für uns heute selbstverständlich ist, ein Badezimmer mit Dusche und fließend warmem Wasser, war für viele früher ein unerschwinglicher Luxus.

»Er badete nicht in gefiltertem, sondern oft trübem Wasser; aber das war ihm egal, denn er pflegte herzukommen, um sich dort den Schweiß abzuwaschen.« In einem Brief an seinen Freund Lucilius schildert der Philosoph Seneca die Badegewohnheiten des Scipio Africanus. Scipio galt als Muster altrömischer Bescheidenheit. Sein Badehaus war klein, dunkel und sehr spartanisch; nicht zu vergleichen mit den Badehäusern späterer Zeit. Ein Vollbad gönnte er sich nur an den Nundinen*, für den modernen Römer ein absolutes No-Go. »Wie müssen sie gestunken haben?«, so lässt Seneca einen fiktiven Gesprächspartner fragen. Man badete selbstverständlich jeden Tag. Wie sich die Szenen also gleichen: Ein Bad einmal die Woche, auch für uns heute nur schwer vorstellbar.

Zu einem Spottpreis (oft sogar umsonst) boten die Thermenanlagen alles, was das Herz begehrte: eine *palaestra* (Sportanlage), ein *laconicum* (Sauna), ein *sudatorium* (Schwitzbad), ein *caldarium* (Warmwasserbad), eine *piscina* (Kaltwasserbad), ein *frigidarium* (kühler Raum), ein *tepidarium* (lauwarmer Raum), dazu ein *hypocaustum* (Fußbodenheizung), Marmor auf Fußböden und Wänden, Glasfenster, Metallspiegel und vieles mehr. Die Kleidung legte man im *apodyterium* (Auskleideraum) ab und überließ sie der Bewachung durch einen Sklaven. Die Baderäume betrat man in Holzsandalen. Gebadet wurde nackt, ursprünglich nach Geschlechtern getrennt, später auch gemeinsam. Man ließ sich massieren und die Achselhaare entfernen (sehr unangenehm!). Imbissverkäufer sorgten für das leibliche Wohl. Um Verunreinigungen der Becken zu verhindern – Chlor war noch unbekannt –, wurde ständig frisches Wasser aus eigens dafür gebauten Wasserleitungen zugeführt. Der Wasserverbrauch war enorm.

***Nundinen:** Die Römer kannten die 8-Tage-Woche.

1. Beschreibe die Innenausstattung von Thermen.
2. Warum gingen die Römer in die Thermen? Beschreibe moderne Einrichtungen, die ähnliche Funktionen erfüllen wie damals die Thermen.

In den Thermen

Rēs pūblica in perīculō[1] est:
pars plēbis enim rēbus novīs studet
et rem pūblicam māiōrum ēvertere[2] temptat.
Multōs diēs cōnsulēs senātōrēsque dēlīberant,
multās ōrātiōnēs habent,
sed semper inter sē dissentiunt[3].

Hodiē Gnaeus Claudius senātor *thermās* intrat.
Nōn semper reī pūblicae cōnsulere cupit,
nōn iam dē statū[4] reī pūblicae disputāre vult[5],
nōn semper māgnae rēs ei[6] cordī sunt[7],
interdum nihil agere amat.

Gnaeus in *apodytērium* it
et servum rēs suās bene cūstōdīre iubet.
Tum *palaestram* intrat:
Virōs clāmāre audit,
palaestram plēnam virōrum esse videt,
sed senātōrēs amīcōs nōn invenit.
Tamen amīcōs saepe *thermās* vīsitāre scit!
Videt autem turbam virōrum pilā[8] lūdere,
pilicrepum[9] pilās[10] numerāre audit.

Gnaeō clāmor nōn placet,
itaque in *caldārium* properat.
Ibī paucōs virōs adesse videt;
ubīque silentium esse gaudet.
Subitō aliquis[11] Gnaeum salūtat:
Philodēmus, philosophus garrulus[12],
quī[13] semper dē nātūrā[14] rērum disputāre cupit …

Senātor in *lacōnicum* fugit,
posteā in *piscīnā* natat[15].

Tum *tepidārium* intrat,
cum subitō hominēs fugere videt:
Dāvum, Syrum, Philōnem – servōs suōs!

1 **in perīculō:** in Gefahr
2 **ēvertere,** ēvertō: umstürzen
3 **inter sē dissentīre:** untereinander uneinig sein
4 **dē statū:** über den Zustand, die Lage
5 **vult:** er will
6 **ei:** ihm
7 **cordī esse:** am Herzen liegen
8 **pilā:** mit dem Ball
9 **pilicrepus,** ī *m.*: Ballspieler
10 **pila,** ae *f.*: Ball
11 **aliquis:** jemand
12 **philosophus garrulus,** philosophī garrulī *m.*: geschwätziger Philisoph
13 **quī** *Nom. Sg. m.*: der, welcher
14 **dē nātūrā:** über die Natur, das Wesen
15 **in piscīnā natāre,** natō: im Kaltwasserschwimmbecken schwimmen

Luftaufnahme der Diokletiansthermen in Rom.

Vor dem Übersetzen

1. Nenne die einzelnen Stationen des beschriebenen Thermenbesuchs. Kläre zu diesem Zweck die Bedeutung der kursiv gedruckten Wörter mithilfe des Informationstextes.

Nach dem Übersetzen

2. Sammle aus dem Lektionstext Begründungen für den Thermenbesuch des Gnaeus Claudius. Zitiere lateinisch.
3. Suche mögliche Erklärungen für das Verhalten der Sklaven in Z. 31f.

Zusatzaufgabe: Ordne den einzelnen Stationen des Thermenbesuchs, wie er im Lektionstext geschildert ist, die folgenden Aussagen zu.

turba virorum pila ludit; viri clamant; servus res (Gnaei Claudii) bene custodit; pauci viri adsunt; homines fugiunt; pilicrepus pilas numerat; silentium est.

pila: mit dem Ball – **pilicrepus,** i *m.*: Ballspieler – **pila,** ae *f.*: Ball

Vokabeln

1. Hier ist ein Buchstabensalat entstanden. Wenn du die Zutaten (Buchstaben) richtig sortierst, erhältst du Wörter, die du in dieser Lektion neu gelernt hast.
   abrut – dretinum – udegare – metan – cuplubis – pustadire – loncus – ser

2. Bilde aus den folgenden Wörtern Gegensatzpaare.
   (Beispiel: pauci – multi).
   laborare, tum, intrare, postridie, magnus, nunc, plebs, laudare, senatores, hodie, otium, tacere, fugere, disputare, parvus, labor, vituperare, ludere

Wortformen

3. Bestimme die folgenden Verbformen. Nenne den zugehörigen Infinitiv und die 1. Person Singular.
   audiunt – cupis – numerate – fugimus – scribis – possum – gaudetis – discit – i

4. Schreibe alle Dative heraus. Gib dazu Nominativ, Genitiv und Genus an; z.B. rei: res, rei, *f.*
   et – rei – scio – ancillis – etiam – servo – ego – diei – hodie – rebus – servus – orationi – otii

   Partnerarbeit: Erstelle eine ähnliche Übung für Wörter im Akkusativ für deinen Nachbarn.

Syntax

5. Suche aus dem Lektionstext die Verben heraus, von denen ein aci abhängt.

6. Der Senator inspiziert sein Landgut.
   a) Der Sekretär schreibt auf, was der Senator vorfindet. – Übersetze.
   Senator ubique servos ancillasque laborare gaudet. Labores servorum ancillarumque magnos esse scit. Alios frumentum demetere videt. Alios tecta horreorum reparare gaudet. Ancillas mala colligere videt ...
   demetere, demeto: mähen – **malum,** i *n.:* Apfel

   b) Hier bricht die Aufzeichnung ab. Schreibe den Bericht des Sekretärs zu Ende. Leite die beiden Sätze mit *videt, gaudet* oder *scit* ein.
   Felicio vilicus Tito domino malum dat.
   Cuncti servi contenti sunt.
   malum, i *n.:* Apfel

7. aci: ja oder nein? Übersetze.
Senatores rem publicam in periculo esse vident. Plebem iratam esse audiunt. Itaque rem publicam servare temptant: Orationes habent et saluti rei publicae consulunt. Etiam consules iram plebis lenire cupiunt.

in periculo: in Gefahr – **servare,** servo: retten, bewahren – **ira,** ae *f.*: Zorn – **lenire,** lenio: mildern, lindern, besänftigen

8. Wer besucht wen? Analysiere den Satz nach Wortformen und Satzgliedern.
Gnaeus servum amicam visitare scit.

Übersetzung

9. Übersetze die folgenden Wortverbindungen in gutes Deutsch.
viri pleni timoris – tecta horreorum – nemo senatorum – labor servorum

10. Das Wort »res« steht in vielen verschiedenen Zusammenhängen und hat jeweils unterschiedliche Bedeutungen. Liste alle Verwendungen von »res« im Lektionstext auf und finde jeweils eine angemessene Übersetzung.

Sprachvergleich

11. Übersetze »suas res« im folgenden Satz dreimal mit wechselnden Subjekten. Was fällt dir auf?

Consul	
Uxor consulis	servum res suas bene custodire iube(n)t.
Consul et uxor	

12. Welche grammatischen Phänomene, die du in dieser Lektion gelernt hast, erkennst du hier im Englischen wieder?
– billions of mosquitoes, one of my brothers, a glass of water
– I heard him call my name. My mother wants me to clean my room.

aci – Konstruktions- und Dreischrittmethode

Auch bei Sätzen, die eine aci-Konstruktion enthalten, funktionieren beide dir schon bekannten Übersetzungsmethoden.

Gnaeus palaestram plenam virorum esse videt.

Beim Übersetzen nach der **Konstruktionsmethode** geht der erste Blick zum Prädikat *videt*. Die Endung des Prädikats zeigt, dass das Subjekt eine dritte Person (Sg.) ist: *Gnaeus*.

Der Satz *Gnaeus sieht* erfordert ein Akkusativobjekt, das auf die Frage *Wen oder was?* antwortet. Die Satzgliedstelle Akkusativobjekt ist hier durch eine aci-Konstruktion gefüllt. *Gnaeus sieht, dass die Palästra voll mit Männern ist.*

Bei der **Dreischrittmethode** gehen wir folgendermaßen vor:
1. Schritt: Erstes Satzglied: *Gnaeus*
2. Schritt: Prädikat (hier weichen wir von der Reihenfolge des lateinischen Satzes ab) *videt*
3. Schritt: Wenn wir nun der Reihe nach vorgehen, kommen wir in Schwierigkeiten *»die Palästra voll Männer sein«*.

Wir müssen also auch hier erkennen, dass eine aci-Konstruktion vorliegt, die mit einem *dass*-Satz wiedergegeben werden muss.

Wende beide Methoden auf die Sätze des Lektionstextes an, die eine aci-Konstruktion enthalten.

Ring frei!

Samstagabend: Die Halle ist bis auf den letzten Platz besetzt; alle Scheinwerfer sind auf den Eingang gerichtet. Musik braust auf. Die langgezogene Stimme des Stadionsprechers nennt Namen, Kampfgewicht und sportliche Erfolge. Und dann betreten sie das Rund, die Boxstars, Gladiatoren der Moderne.

Der Name *gladiator* leitet sich von *gladius – Schwert* ab. Gladiatorenkämpfe fanden ursprünglich zu Ehren von Verstorbenen statt und haben wahrscheinlich etruskische Wurzeln. Da aber der Kampf Mann gegen Mann, Frau gegen Frau (ja, es gab auch weibliche Gladiatoren!) schon immer die Menschen fasziniert hat, wurden Gladiatorenkämpfe regelrechte Selbstläufer. Es gab verschiedene Gladiatorentypen. Die bekanntesten waren *Thraker*, *Retiarier* und *Samniten*. Nur wenige von ihnen kämpften freiwillig. Die meisten wurden als Unfreie zum Kampf gezwungen. Waren sie erfolgreich, winkte ihnen die Freiheit. Viele entschieden sich dann trotzdem für eine Karriere als Berufskämpfer oder wurden *lanista* (Gladiatorentrainer). Als Profi konnte man trotz der damit verbundenen Risiken eine Menge Geld verdienen. Es gab regelrechte Fangemeinden, besonders auch unter den Frauen. Wenn Spiele ausgerufen wurden, liefen die Fans schon Tage vorher mit Transparenten ihrer Stars durch die Stadt. Der Einzug der Gladiatoren in die Arena gestaltete sich ähnlich pompös wie der der Boxstars. Festlich geschmückt zogen sie durch die Arena. Musik, schon damals ein wichtiger Stimmungsträger, begleitete den Auftritt. Die Veranstalter sorgten für ein »abwechslungsreiches« Programm. Unbestrittener »Höhepunkt« blieb jedoch der auch in der Antike keineswegs unumstrittene Kampf auf Leben und Tod. Doch bevor man heute darüber vorschnell ein Urteil fällt, …

1. Erläutere den Begriff *gladiator* und informiere dich über den Ablauf und die verschiedenen Arten der Kämpfe.
2. Im Text werden drei Gladiatorentypen genannt. Versuche, mehr über sie zu erfahren. Findest du noch weitere?
3. Ein Instrument eignete sich besonders für die Beschallung einer Arena, die *hydraulis*, die Wasserorgel. Verfasse ein Kurzreferat über Herkunft, Geschichte und Technik der *hydraulis*.

Kämpfe im Amphitheater

Mosaik aus Tusculum, auf dem verschiedene Arten des Gladiatorenkampfes zu sehen sind.

Livinēius Rēgulus hodiē in amphitheātrō[1] Pompēiānōrum[2] spectāculum[3] gladiātōrium[4] dat. Itaque iam prīmā lūce multī dominī cum uxōribus et servīs veniunt, nam Alumnum rētiārium[5] cum Callimōrfō secūtōre[6] pūgnāre sciunt.

Hīc Pompēiānī[2] Alumnō favent. Māgnā vōce victōriās Alumnī laudant. Illīc[7] Nūcerīnī[8] Callimōrfō māgnā cum spē favent.

Spectātōrēs[9] rētiārium[5] sine timōre cum secūtōre[6] pūgnāre vident. Subitō Alumnus rēticulum[10] extendit[11] et secūtōrem[6] capit. Pompēiānī clāmant clāmantque: »Habet! Habet!«

Nūcerīnī[8] verbīs Pompēiānōrum[2] valdē īrātī sunt. Nōnnūllī lapidēs[12] māgnō cum gaudiō in Pompēiānōs[2] iaciunt. Aliī eōs[13] sōlum terrōre afficere cupiunt, aliī eōs[13] rē vērā necāre temptant.

1 **amphitheātrum,** ī *n.:* Amphitheater
2. **Pompēiānī,** ōrum *m. Pl.:* Pompejaner *(Einwohner von Pompeji)*
3 **spectāculum,** ī *n.:* (Schau-)Spiel
4 **gladiātōrius,** a, um: Gladiatoren-
5 **rētiārius,** ī *m.:* Netzkämpfer
6 **secūtor,** ōris *m.:* Gladiator, »Nachsetzer«
7 **illīc** *Adv.:* dort
8 **Nūcerīnī,** ōrum *m. Pl.:* Nuceriner *(Einwohner von Nuceria)*
9 **spectātor,** ōris *m.:* Zuschauer
10 **rēticulum,** ī *n.:* Netz
11 **extendere,** extendō: auseinander ziehen
12 **lapis,** idis *m.:* Stein
13 **eōs** *Akk. Pl. m.:* sie, diese

Intereā autem in arēnā[14]
Alumnus Callimōrfum iam diū
gladiō necāre parātus est,
sed sīgnum spectātōrum[9] exspectat.

14 **arēna,** ae *f.*: Kampfplatz

Spectātōrēs[9] quidem pūgnam neglegunt.
Nunc ipsī[15] gladiīs dē victōriā pūgnant.
Paulō post Pompēiānī[2]
et in amphitheātrō[1] et tōtā urbe
multōs Nūcerīnōs[8] necant aut in fugam dant.

15 **ipsī** *Nom. Pl. m.*: sie selbst

Postrīdiē Nerō[16] imperātor
dē spectāculō[3] Livinēiī audit.
Per decem annōs Pompēiānīs
spectācula[3] dare nōn licet.
Sed aliīs locīs spectācula[3] gladiātōria[4]
spectāre possunt.

16 **Nerō,** ōnis *m.*: *röm. Kaiser 54–68 n. Chr.*

Homō hominī lupus[17].

17 **lupus,** ī *m.*: Wolf

Vor dem Übersetzen

1. Wende dein Wissen aus dem Informationstext a) auf das Mosaik, b) auf den Lektionstext an. Was erkennst du wieder? Was verstehst du beim ersten Lesen?
2. Kläre die Identität der Akteure: Es gibt zwei Kämpfer in der Arena und im Publikum zwei Parteien. Nenne ihre Namen und notiere Abschnitt für Abschnitt, wer wo agiert.

Nach dem Übersetzen

3. Der Lektionstext nimmt Bezug auf ein historisches Ereignis. Zitiere lateinisch die Textstellen, aus denen zu erkennen ist,
   a) wo und wann die Kämpfe stattfinden,
   b) in welchen Phasen die Kämpfe verlaufen und
   c) mit welchen Emotionen sie geführt werden.
4. Beschreibe das Geschehen im Theater mit den Worten eines modernen Reporters.

Zusatzaufgabe: Diskutiert: Wie kommt es zu Tätlichkeiten bei Massenveranstaltungen – damals wie heute? Wie kann man vorbeugen?

Vokabeln

1. In der Buchstabenschlange verbergen sich einige »kleine« Wörter aus dem Lektionstext. Finde sie und prüfe deine Vokabelkenntnis.

chodiecocacolaperiumpelacummumettahichotossinepiopiocaldevaldesioto

Wortformen

2. Schreibe die Anfangsbuchstaben aller Wörter, die Ablativformen sein können, hintereinander auf. Es ergibt sich der Name einer alten römischen Stadt.
hodie – itaque – fave – sine – terrore – neglege – afficere – uxore – do – laudo – subito – servo – consulo – video – cena – ama – urbe – de – bene – luce – lude – postridie – ago – teneo – urbe – laudo – magistro

3. Bestimme folgende Formen und bilde jeweils die gleiche Form von den in Klammern gesetzten Wörtern.
   a) lucis (vox; verbum; victoria)
   b) cum dominis (uxor; consul; homo)
   c) tota urbe (res publica; oratio prima)
   d) terrorem (fuga; vir; salus)

4. Vertausche Singular und Plural unter Beibehaltung des Kasus.
terrorem – spe magna – verbum bonum – orationum – hominem –
vita dura (2) – victoriae (3) – urbibus (2)

Syntax

5. Übertrage die Tabelle in dein Heft. Suche adverbiale Bestimmungen aus dem Lektionstext und füge sie in die Tabelle ein.

Frage	Semantische Funktion	Adv. Bestimmung (lateinisch)
Wo?	Ort	
Wann?	Zeit	
Wie?	Art und Weise	
Womit? Wodurch?	Mittel, Werkzeug	
Warum? Weshalb?	Grund	
Mit wem?	Begleitung	

6. Fülle die Lücken mit den angegebenen Wendungen im Ablativ. Übersetze.

● Marcus discipulus scholam intrat. Atticus Quintum vituperat et ● clamat. Cornelius et Iulia amicos ad cenam invitant. Cuncti amici ● adveniunt. ● amicos salutant. Marcus et Iulia ● dormire non possunt. ● carri materiam per vias vehunt.	prima luce – magno cum gaudio – nocte – in insula – cum uxoribus – magna voce

schola, ae *f.*: Schule – **carrus,** i *m.*: Karren – **materia,** ae *f.*: Baumaterial – **insula,** ae *f.*: Wohnblock

7. Die Satzgliedstelle »adverbiale Bestimmung« kann unterschiedlich gefüllt sein. Gib jeweils Füllungsart und semantische Funktion an:
   Beispiel
   ad mensam – Füllungsart: Präposition mit Substantiv im Akkusativ;
   semantische Funktion: Ort (lokal)
   ubique – magna cum spe – semper – gladiis – per vias – post noctem – saepe – in villam – magno gaudio – multos dies – verbis (iratus esse)

8. Auf Neros Anfrage, wie es zu dem Massaker kommen konnte, verfasst Livineius Regulus einen Bericht. Schreibe ihn, ergänzt um die adverbialen Bestimmungen, in dein Heft und übersetze ihn.

Text	Adverbiale Bestimmungen
Callimorfus et Alumnus amphitheatrum intrant et pugnant. Cuncti clamant. Alii Callimorfo, alii Alumno favent. Subito Pompeiani Nucerinos magno terrore afficiunt, nam lapides iaciunt. Tum etiam Nucerini pugnant. Tandem alii alios in fugam dant.	prima luce – gladiis – clamore – in Nucerinos – magna voce – in amphitheatro – una ex parte amphitheatri – cum Pompeianis – magna cum spe

amphitheatrum, i *n.*: Amphitheater – **Pompeiani,** orum *m. Pl.*: Einwohner von Pompeji – **Nucerini,** orum *m. Pl.*: Einwohner von Nuceria – **lapis,** lapidis *m.*: Stein – **tandem** *Adv.*: schließlich, endlich

Sprachvergleich

9. Beschreibe, wie derselbe Sachverhalt in den drei Sprachen Latein, Deutsch und Englisch ausgedrückt wird.
   a) nocte, nachts, at night
   b) magna voce, mit lauter Stimme, in a loud voice

Der Ablativ

In Latein musst du einen Kasus mehr lernen als in den dir bislang bekannten Sprachen: den Ablativ. So ungewohnt dir vielleicht diese zusätzlichen Formen sein mögen, bei genauerem Hinsehen ist dieser Kasus sehr vielseitig einsetzbar:

So hast du in dieser Lektion gelernt, dass er auf die Fragen wo? – wann? – wie? – auf welche Weise? – womit? – wodurch? – warum? – weshalb? – mit wem? antwortet.

Man kann daher sagen, dass der Ablativ der Kasus der adverbialen Bestimmung ist. Der Ablativ hat sich in den allgemein bekannten Sprachen nicht erhalten, es gibt ihn aber durchaus in Sprachen, die man normalerweise als Schüler nicht lernt, z.B. im Sanskrit. Anhand folgender Tabelle wirst du schnell erkennen, wie die europäischen Sprachen den Ablativ ersetzen:

Lateinisch	Deutsch	Englisch	Französisch	Italienisch
prima luce	am frühen Morgen	early in the morning	de bon matin	di mattina presto

Versuche Formulierungen des Textes, die im Ablativ stehen, in andere Sprachen zu übersetzen.

Wer sich die Musik erkiest* …

»Solange du lebst, tritt in Erscheinung, trauere über nichts zuviel«, so beginnt das berühmte Seikilos-Lied aus dem antiken Griechenland. Das Besondere: Wir kennen nicht nur den Text, sondern auch die Noten und können es heute noch singen.

Moderne Technik erlaubt es uns, immer und überall Musik zu hören. Doch bestimmte Musik zu allen Zeiten das Leben der Menschen. Ursprünglich nur mündlich tradiert, konnte sie mit der Erfindung der *Notation* konserviert und an spätere Generationen weitergegeben werden. Sie ist damit im wahrsten Sinne des Wortes unsterblich geworden. Viele Menschen glauben, dass die Musik aus dem Himmel kommt, so wie Martin Luther, auf den das Zitat in der Überschrift zurückgeht. Die griechisch-römische Antike sprach von neun göttlichen *Musen*, die den Menschen Musik und Dichtung gebracht hätten. Das spiegelt sich auch in dem lateinischen Wort *carmen* wider, das sowohl *Gedicht* als auch *Lied* bedeutet. Der dem Gedicht zugrunde liegende Rhythmus wird durch die Musik aufgenommen. Gesprochenes Wort und Musik verschmelzen so zu einer Einheit. Jeder weiß, dass sich ein Text besser einprägt, wenn er mit einer Melodie unterlegt ist.

Schon früh verstärkte man die menschliche Stimme mit Instrumenten. Die Antike kannte bereits eine Fülle von Musikinstrumenten, von denen etliche in weiter entwickelter Form noch heute benutzt werden wie die Posaune, Flöte und Harfe. Später gewann auch die Instrumentalmusik zunehmend an eigenständiger Bedeutung. Die Antike liebte Musik. Kein größeres Gastmahl kam ohne sie aus. Bei Theateraufführungen setzte man Vokal- und Instrumentalmusik ein. Doch erklang die Musik nur einstimmig. Mehrstimmigkeit gibt es erst seit dem 9. Jahrhundert.

1. Informiere dich über die neun Musen. Wie werden sie dargestellt? Welche sind von besonderer Bedeutung für die Musik?
2. Wähle ein antikes Musikinstrument aus und beschreibe es näher.

---

* erkiest = erwählt (von erkiesen, küren, erkoren = erwählen); Bedeutung und Wortform haben sich in dem Begriff »Kür« erhalten.

Orpheus und Eurydike

Zu den bekanntesten Erzählungen der Antike gehört die tragische Geschichte über den gefeierten Sänger Orpheus und seine Frau Eurydike (lat. Eurydica). Noch am Tage ihrer Hochzeit stirbt Eurydike an den Folgen eines Schlangenbisses. In seiner Trauer um Eurydike beschließt Orpheus, in die Unterwelt hinabzusteigen, um seine Frau wiederzufinden und sie wieder in die Welt der Lebenden zurückzuführen.

In Tartarō[1] Orpheus multa sēcum cōgitat:
Nūptiae[2] ei ante oculōs sunt:
Sē Eurydicam in mātrimōnium dūcere[3] videt,
eam rīdēre audit, eam sibi ōscula[4] dare sentit.
Eam per prātum[5] ambulāre videt.
Subitō serpēns[6] dente pedem eius laedit.
Eurydica subitō ē vitā cēdit
et umbra in Tartarum[1] abit.

Orpheus multīs cum lacrimīs Eurydicam quaerit,
sed nōn invenit.
Tandem Dītem[7], dominum umbrārum,
et Prōserpinam[8], uxōrem eius, adit.
Orpheus nervōs[9] lyrae[10] pulsat[11],
multīs cum lacrimīs ōrat:
»Ō Dīs, ō Prōserpina! Causa viae meae est Eurydica.
Sine eā redīre nōn possum…«
Dum Orpheus nervōs[9] pulsat[11],
umbrae flent, flet etiam Prōserpina.

Tandem dominus umbrārum Eurydicam ad sē vocat:
»Orpheus« inquit »lyrā[10] suā nōs valdē commovet.
Eum tē valdē amāre videō.
Itaque vōbīs ex rēgnō meō abīre licet.
Sed tibi, Orpheu[12],
Eurydicam in Tartarō[1] spectāre nōn licet.
Uxōrī tuae praecēdere[13] dēbēs.
Sī autem oculōs ad Eurydicam flectis,
ea in rēgnō meō manēre dēbet. Nunc abīte!«

1 **Tartarus,** ī *m.*: *Strafort in der Unterwelt*
2 **nūptiae,** ārum *f.*: Hochzeit, Hochzeitstag
3 **in mātrimōnium dūcere,** dūcō: heiraten
4 **ōsculum,** ī *n.*: Kuss
5 **prātum,** ī *n.*: Wiese
6. **serpēns,** entis, *m.*: Schlange
7 **Dīs,** Dītis *m.*: Pluto *(Gott der Unterwelt)*
8 **Prōserpina,** ae *f.*: *Gemahlin des Dis/Pluto*
9 **nervus,** ī *m.*: Nerv, Sehne, Saite
10 **lyra,** ae *f.*: Lyra, Laute
11 **pulsāre,** pulsō: anschlagen
12 **Orpheu:** Vokativ
13 **praecēdere,** praecēdo: vorausgehen

Magnō cum gaudiō diū Orpheus
tacitus[14] uxōrī praecēdit[13].
Via longa et ardua[15] est.
Iam nōn procul[16] ā portā Taenariā[17] absunt,
paene iam Tartarō[1] exeunt, iam lūcem sōlis vident,
cum Orpheus oculōs flectit …
Frūstrā[18] Eurydica Orpheum tangere temptat.
Ultimum[19] »Valē« gemit[20]. In Tartarum[1] redit.

14 **tacitus,** a, um: schweigend
15 **arduus,** a, um: steil, schwierig
16 **procul** *Adv.*: fern
17 **porta Taenaria:** *Tor zur Unterwelt*
18 **frūstrā** *Adv.*: vergeblich
19 **ultimum** *Adv.*: zum letzten Mal
20 **gemere,** gemō: seufzen

Orpheusrelief. Neapel, Museo Nazionale. Gipsabguss, Archäologisches Institut der Universität Göttingen.

Vor dem Übersetzen

1. Schlage in der Begleitgrammatik nach: Dort findest du die Formen von is, ea, id und ihre Verwendung als Stellvertreter für Substantive.
   Suche die Formen von is, ea, id im Lektionstext und prüfe, welches Substantiv sie jeweils vertreten.
2. Betrachte den Text abschnittweise: Wer ist jeweils die handelnde Person? Was geschieht?

Nach dem Übersetzen

3. Auf welche Weise versucht Orpheus Eurydike zurückzugewinnen? Wie reagieren Dis und Proserpina? Zitiere lateinisch.
4. Wie begründet der Herr der Unterwelt seine Entscheidung? Stelle Vermutungen an, weshalb sich Orpheus nicht an die Bedingung hält, die ihm Dis stellt.
5. Welches zentrale Motiv bestimmt das Handeln der Personen in der gesamten Geschichte?
6. Betrachte das Orpheus-Relief: Beschreibe Haltung und Ausdruck der Personen. Welcher Moment der Geschichte ist dargestellt?

Vokabeln

1. Suche aus der folgenden Wortliste alle Adverbien heraus. Die Anfangsbuchstaben der restlichen Wörter ergeben ein Lösungswort.

   tua – interea – ante – hodie – redeo – postea – time – amice – saepe – re – paene – uxoris – soli – diu

2. Erkläre, was die hervorgehobenen Begriffe bedeuten. Finde weitere Beispiele für lateinische Ausdrücke in der deutschen Werbe- oder Alltagssprache.

   a) Als **Bonus** erhalten Sie eine Gutschrift über …

   b) Das war ein absolutes **Novum** in der Weltgeschichte.

   c) Das müssen wir im **Plenum** beraten.

   d) Er war immer der Klassen-**Primus**.

Wortformen

3. Finde 7 Formen von *is, ea, id* in der Wortschlange.

   eiusterroreseorumhominumeirebuseogaudiumidlucemeadieieos

4. Stelle die »geschüttelten« Formen von *is, ea, id* wieder her; bestimme Kasus, Numerus und Genus.

   si, isi, di, amure, ae, eso, emu, usei, ie, eea, suie

   Partnerarbeit: Erstelle eine ähnliche Aufgabe für deinen Nachbarn.

5. Bilde zu folgenden Wörtern die passende Form von is, ea, id. Achte auf Kasus, Numerus und Genus.

   lucem – umbrarum – rebus – gaudium – plebe – populos – verba – diei (2)

Syntax

6. Fülle die Tabelle mit den Ablativ-Wendungen (ggf. mit der zugehörigen Präposition) aus dem Lektionstext. Übersetze sie.

Ablativ als Orts-/ Zeitangabe (*loci/temporis*)	Ablativ der Trennung (*separativus*)	übrige Ablative (*instrumenti/modi*)

7. Übersetze. Achte darauf, wo du is, ea, id als Demonstrativpronomen, wo als Personal- oder Possessivpronomen übersetzen musst.
   In Italia multa amphitheatra sunt, Colosseum Romanum maximum eorum est. In eo amphitheatro magistratus Romani spectacula gladiatoria dant. Cur Romani ea spectacula amant? In iis non solum homines cum hominibus, sed etiam homines cum bestiis pugnant. Eae saepe etiam ex Africa veniunt.

   amphitheatrum, i *n.:* Amphitheater – **Colosseum,** i *n.:* Kolosseum *(Amphitheater in Rom)* – **maximus,** a, um: größter – **magistratus** *Nom. Pl.:* Beamte – **spectacula gladiatoria** *Akk. Pl. n.:* Gladiatorenspiele – **bestia,** ae *f.:* wildes Tier – **ex Africa:** aus Afrika

8. Übersetze. Wessen Gärten, Haus, Sklaven sind jeweils gemeint?
   a) Quintus cum Cn. Claudio amico hortos eius visitat. Villam eius spectat. Amicum de servis eius interrogat.
   b) Quintus cum Cn. Claudio amico hortos suos visitat. Amico villam suam monstrat. Amico de servis suis narrat.

   interrogare, rogo: (be-)fragen – **narrare,** narro: erzählen

9. Übersetze. Wer ist jeweils mit *secum, sibi, se* gemeint?
   a) Orpheus Eurydicam secum ex Tartaro abire cupit. Sibi autem oculos ad eam flectere non licere scit. Se etiam umbram uxoris amare sentit.
   b) Orpheus et Eurydica sibi viam longam et duram esse sciunt. Eurydica autem Orpheum ad se spectare non cupit; aliter enim se in Tartarum redire debere scit.

   aliter *Adv.:* sonst, andernfalls

10. Übersetze. Entscheide bei den kursiven Wörtern, ob eine attributive oder eine prädikative Übersetzung oder beides möglich ist.
    a) Imperator *primus* urbem intrat.
    b) Orpheus *miser* Ditem et Proserpinam adit.
    c) Gaius *dominus* malus, *pater* autem bonus est.
    d) Magister *iratus* valde clamat, *contentus* autem discipulos laudat.

    malus, a, um: schlecht, böse – **pater,** tris *m.:* Vater

Übersetzung

11. Die Grundbedeutung von *magnus* ist »groß«. Im Textzusammenhang ist aber oft eine freiere Wiedergabe passender. Übersetze ausdrucksstark.
    a) Magister magna voce clamat.
    b) Dominus servos pigros magna poena afficit.
    c) Lucio consuli magna pecunia est.
    d) Senatores de magnis rebus deliberant et disputant.

    poena, ae *f.:* Strafe

Kompositum

Ein Kompositum ist ein aus mehreren Wörtern zusammengesetztes Wort. Du kannst deinen Wortschatz leicht erweitern, wenn du das Grundwort, *Simplex*, bereits kennst und durch ein *Präfix*, eine Vorsilbe, erweiterst. In den ersten sieben Lektionen begegneten dir u.a. folgende Komposita:

Simplex	Kompositum
venire	invenire
	advenire
spectare	exspectare
portare	apportare *aus* ad-portare
parare	reparare
legere	colligere *aus* con-legere
esse	adesse
	abesse
ire	abire
	adire
	redire
	exire

Überlege:
Bei welchen dieser Beispiele fällt es dir leicht, die Bedeutung des Kompositums aus der des Simplex abzuleiten, bei welchen leuchtet dir die Bedeutung nicht sofort ein? Wie kannst du sie trotzdem ableiten?

Monströse Taten

»Gewarnte, lernt Gerechtigkeit zu üben und nicht die Götter zu verachten.« Immer wieder hallt diese Warnung des Phlegyas durch den Tartarus, jenen Ort der Unterwelt, den wir die Hölle nennen. Sein Vergehen? Er hatte den Tempel Apollos in Delphi angezündet.

Im Neuen Testament gibt es dazu eine bemerkenswerte Parallele: Ein Reicher, der sein Leben in vollen Zügen genossen und dabei das Elend eines krank vor seinem Haus liegenden Bettlers ignoriert hatte, büßt dafür nach dem Tod in der Unterwelt. Er bittet Abraham, seine Brüder vor einem Schicksal wie dem seinen warnen zu dürfen. Der verwehrt dies jedoch mit dem Hinweis, dass ihnen die Gebote Gottes bekannt seien und sie sich nur daran halten müssten.

Niemand hatte den Reichen zu Lebzeiten für seine Mitleidlosigkeit zur Rechenschaft gezogen. Dabei schreit sein Verhalten wahrhaftig zum Himmel. Es scheint ein ehernes Gesetz zu sein, dass unbarmherziges Verhalten in der Welt oft ungesühnt bleibt. Kein Wunder also, wenn alle Religionen lehren, dass ein solches Verhalten in der Hölle mit dem brennenden Schmerz der Reue (nichts anderes meint der Begriff Hölle) bestraft wird. Offensichtlich gibt es so etwas wie ein universelles Menschheitsgewissen, das uns unmenschliches Handeln als im ursprünglichen Sinne unentschuldbar, als monströs empfinden lässt. Monströse Taten durchziehen die gesamte Menschheitsgeschichte. Manche sind so ungeheuerlich, dass sie in die Mythologie Einzug gehalten haben, wie die Tat des Tantalus, der seinen jüngsten Sohn Pelops den Göttern als Festbraten vorgesetzt haben soll. Die Götter ließen sich allerdings nicht täuschen …

1. Erläutere den Begriff *Tartarus* im Sinne dieses Textes. Erweitere deine Kenntnisse über die antike Unterwelt mithilfe eines Lexikons und / oder des Internets.
2. Wähle eine / einen der im Tartarus Bestraften aus und informiere dich über Art und Hintergründe der Bestrafung.

Tantalus

Tantalus war König von Lydien, einem Land in Kleinasien, das für seinen ungeheuren Reichtum bekannt war. Wir sehen ihn, wie er eines Tages in seinem Palast sitzt und über sein Leben nachdenkt:

Fīlius Iovis[1] sum;
deī, quī mē amīcum putant, semper mihi adsunt;
cūncta, quae possidēre cupiō, possideō. –
Nōnne beātus sum?
Convīviīs[2] deōrum,
in quibus cēnāmus, rīdēmus, gaudēmus, intersum.
Iī sē dominōs mundī putant.
Rē vērā neque virtūte neque potentiā neque sapientiā
hominēs superant. Quī tamen deōs timent.
Eōs, quōrum vīta misera et dūra est, adiuvāre possum,
cum prōdō, quae in convīviīs[2] audiō.
Itaque hominēs deōs nōn iam adōrāre dēbent;
nam cūncta cōnsilia deōrum nōn īgnōrant.
Quī deōs nōn timet, līber est …

Nōnne egō deōs superō,
quibuscum ambrosiam[3] edō[4], nectar[5] bibō[6],
quōs fallere[7] possum?
Mihi nōmen Tantalus est, fīlius deī maximī sum,
cuius rēgnum fīnem[8] nōn habet.
Tempus adest, quō dēmōnstrābō[9]:
Deīs sapientia nōn est.

1 **Iuppiter,** Iovis *m.: höchster Gott der Römer*

2 **convīvium,** ī *n.:* Gastmahl

3 **ambrosia,** ae *m.:* Ambrosia, Götterspeise

4 **edere,** edō: essen

5 **nectar,** aris *n.:* Nektar, Göttertrank

6 **bibere,** bibō: trinken

7 **fallere,** fallō: täuschen, betrügen

8 **fīnem** *Akk.:* Grenze

9 **dēmōnstrābō:** ich werde beweisen

Vor dem Übersetzen

1. Ordne nach Subjekten und Prädikatformen (1. Person oder 3. Person): Was denkt Tantalus über sich? Was denkt er über die Götter / die Menschen?

Nach dem Übersetzen

2. Beschreibe das Verhältnis zwischen Tantalus und den Göttern. Worin zeigt sich die besondere Zuneigung der Götter zu Tantalus? Wie verhält sich Tantalus gegenüber den Göttern? Zitiere lateinisch.
3. Erläutere den Satz: *Qui deos non timet, liber est.*

Tantalus wagt das Ungeheuerliche: Er lässt seinen Sohn Pelops töten und setzt ihn den Göttern zur Speise vor, um ihre Allwissenheit zu prüfen. Die Götter entdecken jedoch den Frevel; nur Ceres verzehrt eine Schulter des Pelops, weil sie in Gedanken an ihre geraubte Tochter Proserpina versunken ist. Pelops wird wiederhergestellt, die fehlende Schulter durch eine elfenbeinerne ersetzt. Tantalus aber wird in der Unterwelt hart bestraft:

Tantalus in stāgnō[1] stat.
Vulnera corporis ei nōn sunt,
tamen dolōribus labōrat:
Cum ōs aquae appropinquat, aqua re-fugit[2].
Nunc frūctūs[3] pulchrōs,
quī super[4] caput eius sunt, capere vult[5]:
Rāmī[6] ad caelum re-cēdunt[7].
Praetereā saxum[8], quod capitī impendet[9],
semper eum terrōre afficit.
Tantalus ad deōs clāmat:
»Ō deī, nōnne amīcus vester sum?
Nōnne Iuppiter pater meus est?
Cūr mē nōn līberātis?«
Quī tacent …

1 **stāgnum,** ī *n.:* Teich, See
2 **re-fugere:** *erschließe die Bedeutung*
3 **frūctūs** *Akk. Pl.:* Früchte
4 **super** + *Akk.:* über
5 **vult:** er will
6 **rāmus,** ī *m.:* Zweig
7 **re-cēdere:** *erschließe die Bedeutung*
8 **saxum,** ī *n.:* Felsblock
9 **impendēre,** impendeō + *Dat.: über etw.* hängen, drohen

Tantalus in der Unterwelt. Grabmalerei um 150 n. Chr.

Vor dem Übersetzen

1. Beschreibe das Bild. Was erfährst du über die Tantalusqualen?

Nach dem Übersetzen

2. Wie reagiert Tantalus auf die Bestrafung? Beschreibe seinen Charakter.
3. Nenne ein deutsches Sprichwort, das zu Tantalus' Schicksal passt.

Zusatzaufgabe: Informiere dich über Bedeutung und Gehalt des Begriffs »Hybris«. Wende deine Kenntnis auf die Geschichte von Tantalus an.

Vokabeln

1. Stelle lateinische Wörter zum Sachfeld »Strafe/Schmerz« zusammen.

Wortformen

2. Finde die Neutra, die sich in der Wortschlange verbergen. Bestimme Kasus und Numerus. Die restlichen Wörter ergeben einen Lösungssatz.

oribusquinomendeostemporinonvulneratimetcorporisliberestcaputcapiti

3. Ordne den Formen von *is, ea, id* jeweils eine passende Form von *qui, quae, quod* zu.

qui, quae, quod	is, ea, id
quarum, cui, quam, quibus, quas, quod, quem, quo, cuius	eius, eam, ei, earum, iis, id, eo, eas, eum

4. Stelle die »geschüttelten« Formen von *qui, quae, quod* wieder her; bestimme Kasus, Numerus und Genus.
murquo, eqau, douq, saqu, oqsu, usquib, ramuq, uqo, icuus, qau, iuc

5. Dekliniere die folgenden Wortverbindungen im Singular und Plural.
tempus bonum – os magnum – vulnus meum

6. Ordne den Singularformen die entsprechenden Pluralformen zu.

Singular	Plural
tu, tibi, id, id, ego, ea, eā, mihi, eius, te, me	nobis, eorum, vos, vos, ea, ea, vobis, nos, nos, eae, eis

Syntax

7. Übersetze die Sätze. Achte besonders auf die Ablative und gib ihre semantische Funktion an.
   a) Tantalo cum deis cenare licet, tamen eos fallere temptat.
   b) Sed dei Tantalum sapientia superant et eum in Tartarum iaciunt.
   c) Quo loco Tantalus numquam timore doloribusque liber est.

fallere, fallo: täuschen, betrügen – **numquam** *Adv.:* niemals

8. Verbinde jeweils zwei Sätze zu einem Satzgefüge aus Hauptsatz und Relativsatz. Übersetze die neu entstandenen Sätze.
   Tantalus sagt:
   »Ego filius Iovis sum. Is maximus deorum est.
   Conviviis deorum intersum. In iis multa de vita eorum audio.
   Homines adiuvare possum. Ii vitam miseram agunt.«

   convivium, i *n.*: Gastmahl

9. Hier sind Haupt- und Relativsätze außer Kontrolle geraten. Welcher Relativsatz gehört zu welchem Hauptsatz? Füge die Relativsätze an geeigneter Stelle ein und übersetze die neu entstandenen Sätze.

Hauptsätze	Relativsätze
1. Homines liberi non sunt.	a. … , quos capere temptat, …
2. Aqua ab ore eius recedit.	b. … , in qua Tantalus stat, …
3. Saxum eum magno terrore afficit.	c. … , qui deos timent, …
4. Fructus semper recedunt.	d. … , qui se deos superare putant, …
5. Eos dei poenis afficiunt.	e. … , quod super Tantali caput est, …

re-cedere: *erschließe die Bedeutung* – **saxum,** i *n.*: Felsblock – **fructus** *Nom. Pl. m.*: Früchte – **poena,** ae *f.*: Strafe – **super** *m. Akk.*: über

10. Hymne auf den Ablativ.
    Übersetze. Gib die semantischen Funktionen der Ablative an.

    O ablative, o ablative!
    Ablative, qui cunctos casus potentia superas,
    ablative, cuius numen discipulos magno terrore afficit,
    ablative, cui nemo magno cum gaudio studet,
    ablative, quem nemo diebus aut noctibus videre cupit,
    ablative, quocum vitam duram agimus,
    ablative, libera nos a laboribus tuis.

    casus *Akk. Pl. m.*: Kasus, Fall – **numen,** inis *n.*: (göttliche) Macht

Sprachvergleich

11. Welche römische Gottheit ist hier auf Italienisch beschrieben?
    Questa dea è la figlia di Giove. È la dea della sapienza e porta sempre un elmo. Il suo nome greco è »Atene«.

Texterschließung

Wenn man *textum* im Internet eingibt, erscheinen zunächst zahlreiche Adressen von Stoffgeschäften. *Textum* heißt nämlich »Gewobenes, Gewebe«.

Vielleicht ist es dir bei manchem komplizierteren Text schon so ergangen, dass du ihn mehrfach lesen musstest, um den Sinn zu verstehen, und dass die Informationen, die du im Lauf der Lektüre erhalten hast, dir halfen, auch den Rest des »Gewebes« zu verstehen.

Die einfachsten Fragen, mit denen man einen Text erschließen kann, sind die sogenannten »W-Fragen«:

- Wer? – Wer ist handelnde Person? Achte dabei besonders auf Namen, auf die Subjekte der Sätze und auf »Proformen« wie Personalpronomina, Demonstrativpronomina und relative Satzanschlüsse. Wichtig sind auch die Verbalendungen, an denen du schnell erkennen kannst, ob hier jemand von sich selbst spricht, ob eine zweite Person direkt angesprochen wird oder ob über einen Dritten gesprochen wird.
- Wo? – Wo geschieht die Handlung, wo spielt die Erzählung? Hier hilft der Blick auf Ortsangaben, groß geschriebene Wörter, Adverbien.
- Wann? – In welcher Zeit spielt die Geschichte? Handelt es sich um eine historische Begebenheit oder um einen Mythos? Weißt du etwas über die betreffende Zeit? Achte auf adverbiale Bestimmungen der Zeit.
- Was? – Worum geht es im Text? Damit sind wir bei der zentralen Frage nach dem Inhalt, die aber wiederum eng mit den erst genannten Fragen zusammenhängt. Du solltest versuchen, Schlüsselwörter, d.h. zentrale Begriffe des Textes, herauszufinden, anhand derer du den Inhalt erschließen kannst.

Um zu erkennen, wie die einzelnen Abschnitte oder einzelnen Sätze mit dem Vorigen zusammenhängen, solltest du den Blick auf die Satzanfänge richten. Die Konnektoren geben dir einen Hinweis darauf, ob eine zeitliche Weiterführung (z.B. *tum*), ein inhaltlicher Gegensatz (z.B. *sed*), eine Folge (z.B. *itaque)* oder eine Begründung (z.B. *nam*) folgt.

Eine gute Übersetzung ist nur dann möglich, wenn der Text auch richtig verstanden ist, und eine gute Interpretation setzt immer voraus, dass der Text mich am Ende nicht mehr fremd anschaut, sondern dass ich ihn mir zu eigen gemacht habe, sodass ich mich mit ihm – ggf. auch kritisch – auseinandersetzen kann.

Paris' Next Topmodel

Regelmäßig werden sie gekürt, die schönsten Frauen und Männer. Eine Jury entscheidet über bestes Aussehen und größte Ausstrahlung. Dem Sieger winken wertvolle Preise, vielleicht sogar ein Vertrag als Fotomodell. Das geht nicht immer ohne Blessuren ab. Bisweilen findet hinter den Kulissen ein erbarmungsloses Hauen und Stechen statt. Bei der Wahl des / der Schönsten hört der Spaß eben auf.

Das war schon bei der ersten Topmodel-Wahl des Abendlandes so. Es begann mit der Hochzeitsfeier von *Thetis* und *Peleus,* den Eltern des *Achilleus.* Alle Götter waren eingeladen bis auf *Discordia,* die Göttin der Zwietracht. Schließlich sollte es eine harmonische Feier werden … Nun ist allerdings gut gemeint nicht unbedingt gut. Wir kennen das aus dem Märchen Dornröschen. Discordia rächte sich auf ihre Weise. Die weibliche Eitelkeit klug einschätzend, warf sie einen goldenen Apfel mit der Aufschrift »der Schönsten« in die Festgesellschaft. Ihre Rechnung ging auf. Juno, Minerva und Venus zankten sich um den Titel. Selbst Juppiter konnte sie nicht beruhigen. Also verfiel er auf die scheinbar geniale Idee, den jungen, gut aussehenden *Paris* mit dieser äußerst diffizilen Wahl zu betrauen. Das Problem: Paris war der Sohn des *Priamus,* des Königs von Troja. Er war einst nach seiner Geburt ausgesetzt worden, weil seine Mutter *Hecuba* geträumt hatte, dass er Troja in die Katastrophe führen würde. Nach seiner Rettung wuchs er nichtsahnend bei Hirten auf. Mit seiner Entscheidung erfüllte Juppiter nun das Schicksal des Paris. Jede der drei Göttinnen hielt nämlich für Paris im Falle ihrer Wahl ein verlockendes Angebot bereit. Das verlockendste kam von *Venus.* Sie stellte ihm die schönste Frau der Welt in Aussicht. Paris entschied sich für Venus. Er bekam dafür die (leider verheiratete) *Helena* und löste so den trojanischen Krieg aus. Der Rest ist Geschichte.

Discordia, Hecuba, Juppiter, Paris, Venus: Sie alle werden zu Erfüllungsgehilfen des über Troja verhängten Schicksals. Erläutere, inwiefern. Wäre die Katastrophe Trojas abwendbar gewesen? Warum (nicht)?

Helena und Paris

Aethra und Cynthia, zwei Dienerinnen am Hofe des spartanischen Königs Menelaus und seiner Frau Helena, unterhalten sich:

Cynthia: Venī, Aethra, aliquid ē tē quaerere cupiō.
Aethra: Ō Cynthia, cūr mē ā labōre vocāvistī?
Ōtium mihi nōn est.
Cynthia: Nōnne audīvistī?
Herī vir pulcherrimus rēgiam intrāvit.
Menelāus māgnō cum gaudiō eum salūtāvit.
Posteā rēx et Helena cum eō cēnāvērunt.
Colloquia longa laetaque inter sē habuērunt.
Quis est iste[1] hospes tam pulcher,
quī dominō dominaeque tantopere[2] placuit?
Aethra: Cūr tam cūriōsa[3] es?
Sed, cōnfiteor[4], etiam egō cūriōsa[3] fuī.
Tum ex aliīs servīs audīvī eum esse Paridem,
fīlium rēgis Trōiānōrum[5];
nārrāvērunt Paridī diū vītam dūram fuisse.
Quī, ut dīcunt, cum pastōribus in montibus
gregēs patris cūstōdīvit.
Venī autem!
Nōndum cēnam parāvimus.

1 **iste** *Nom. Sg. m.*: dieser
2 **tantopere** *Adv.*: so sehr
3 **cūriōsus,** a, um: neugierig
4 **cōnfiteor:** ich gestehe (es)
5 **Trōiānus,** ī *m.*: Trojaner

Vor dem Übersetzen

1. Achte beim Lesen des Textes auf die Prädikate. Finde heraus, wo die Gesprächspartner miteinander und wo sie über Dritte sprechen.

Nach dem Übersetzen

2. Arbeite Formulierungen heraus, mit denen beim Leser Spannung erzeugt wird.
3. Wer ist der seltsame Gast? Stelle Informationen zusammen, die Cynthia und Aethra im Gespräch über ihn austauschen. Zitiere lateinisch.

Helena an Paris

Tē mē amāre scrīpsistī.
Mē etiam Spartā[1] Trōiam[2] abdūcere[3] cupis.
Ō tē miserum!
Fidem uxōris Menelāī sollicitāre[4] audēs!
Nōnne īram rēgis Lacedaemoniōrum[5] timēs?
Is quidem tē hospitem accēpit.

Mē mulierem pulcherrimam orbis terrārum
esse dīxistī.
Num fēminās pulchrās levēs[6] esse putās?
Ō mē miseram!
Praetereā tuum amōrem vērum esse nōn putō.
Amor hospitum firmus nōn est.

Vītam pulcherrimam mihi prōmīsistī:
Trōiae vītam laetam et ā cūrīs esse līberam.
Sed vōs virī iam saepe montēs aurī[7] prōmīsistis,
saepe autem verba vestra vāna[8] fuisse cōgnōvī.
Tamen scītō[9]:
Vītam iūcundam[10] neque cūrāvī neque cūrō,
quamquam Spartae vīta dūra est.
Sī tēcum Trōiam īrem, id facerem[11],
quod tū mihi placēs.
Ō mē miseram!
Ō tē miserum!
Cūr nōn prius nōs convenīre potuimus?

1 **Sparta,** ae *f.*: *Stadt in Griechenland*
2 **Trōia,** ae *f.*: *Stadt in Kleinasien*
3 **abdūcere,** abdūcō: entführen
4 **sollicitāre,** sollicitō: herausfordern
5 **Lacedaemonius,** ī *m.*: Spartaner
6 **levēs** *Akk. Pl. f.*: leichtfertig
7 **montēs aurī:** Berge von Gold = das Blaue vom Himmel
8 **vānus,** a, um: leer
9 **scītō:** du musst wissen
10 **iūcundus,** a, um: angenehm
11 **sī … īrem, id facerem:** wenn ich … ginge, würde ich es tun

Vor dem Übersetzen

1. Achte beim Lesen auf Verbformen, Anreden und Personalpronomina. Um welche Textsorte könnte es sich handeln?

Nach dem Übersetzen

2. Beschreibe die Stimmung, die aus Helenas Worten spricht. Begründe deine Antwort anhand des Textes mit lateinischen Zitaten.
3. Erkläre das Dilemma der beiden Verliebten.
4. Was könnte Paris auf die Vorwürfe, Bedenken und Andeutungen der Helena erwidert haben? Schreibe auf Deutsch einen Antwortbrief.

Vokabeln

1. Ein Wort passt (aus sachlichen oder grammatischen Gründen) nicht in die Reihe. Suche die »schwarzen Schafe« und begründe deine Antwort.
   a) putare – dicere – sentire – advenire – narrare
   b) mons – terra – villa – lectus – campus – dens – locus
   c) fidei – cognovi – colloquii – dei – rei – caeli – filii
   d) corpus – vulnus – firmus – hospes – tempus – oribus

Wortformen

2. Welche Endungen könnten an welchen Stamm gehängt werden? Bilde drei mögliche Formen pro Stamm und bestimme sie.

promitt- | promis- | dic- | dix-

ere | imus | is | i | erunt | unt | isse | istis | o | itis | it | isti

3. Sortiere die Verbformen der Wortschlange in zwei Kästen: Präsens und Perfekt.

scribitdicuntcognoveruntcuramusnarrareaccepistisnecat
ispotuissepromittoplacuistisfuimusliberashabuistiscenavi

4. Verwandle die Präsensformen ins Perfekt.
   scribo – esse – cognoscimus – habet – superant – estis – narrare – accipiunt – possum – disputant – laboras

Syntax

5. Liste alle Ortsangaben aus Teil 2 auf und gib an, ob sie Herkunft, Ziel oder (Aufenthalts-) Ort angeben.

6. Übersetze die folgenden Sätze. Achte auf das Zeitverhältnis.
   Paris dicit se Helenam amare.
   Paris dixit se Helenam amare.
   Helena putat vitam Spartae duram fuisse.
   Helena putavit vitam Spartae duram fuisse.

   Wie drückst du die Vorzeitigkeit jeweils im Deutschen aus?

7. Übersetze. Achte besonders auf das Zeitverhältnis.
   a) Ancillae Paridem filium regis Troianorum esse sciunt.
   b) Etiam nos Paridem filium regis Troianorum fuisse scimus.
   c) Scivitne Menelaus Paridem Helenam adamavisse?
   d) Cynthia ex aliis ancillis Paridem et Helenam se valde amare audivit.

ad-amare, adamo: lieb gewinnen, sich in jdn. verlieben

8. Übersetze. Achte besonders auf das Zeitverhältnis.
   Menelaus Spartam rediit et ibi cognovit:
   - uxorem abesse;
   - Helenam Paridi litteras misisse;
   - Paridem litteras Helenae libenter accepisse;
   - Paridem Helenam Troiam abduxisse.

redire, eo, redii: zurückkehren – **litterae,** arum *f. Pl.*: Brief – **mittere,** mitto, misi: schicken – **abducere,** o, abduxi: entführen

Übersetzung

9. Der Schiedsrichter. Übersetze.
   Subito Paris vocem Mercurii audivit, qui dixit: »Salve, Priami fili! Iupiter, rex deorum, te iudicem esse iussit: Quae earum dearum pulcherrima est? Vide et decerne!«
   Paris vidit omnes deas pulcherrimas esse. Iuno ei regnum orbis terrarum promisit, magnam sapientiam Minerva. Venus autem amorem Helenae promisit – et vicit.

iudex, icis *m.*: Schiedsrichter – **iubere,** iubeo, iussi: befehlen – **decernere,** decerno: entscheiden – **omnes** *Akk. Pl. f.*: alle – **vincere,** vinco, vici: *erschließe die Bedeutung aus* victoria

Sprachvergleich

10. Erzähle deinem Nachbarn von Troja (s. Informationstext). Dein Partner notiert dabei deine Prädikate. Wertet am Ende gemeinsam aus: In welchem Tempus hast du erzählt?

    Zusatzfrage: Ein griechisches Schiff fuhr bei normalen Wetter- und Strömungsverhältnissen ca. 220 km am Tag. Wie lange war demnach Paris von Troja nach Sparta unterwegs? Du kannst dafür die Karte im Bucheinband benutzen.

Textgattungen

In den ersten Lektionen hast du schon Texte ganz verschiedener Gattungen kennengelernt: Erzählungen, Gespräche und Dialoge, innere Monologe. Jede Textgattung hat ihre eigenen stilistischen und sprachlichen Besonderheiten.

Der erste Teil dieses Lektionstextes besteht aus einem Dialog; im zweiten Teil schreibt Helena einen Brief. Ob sie ihn je abgeschickt hat?

Der Brief als literarische Gattung war bereits in der Antike sehr verbreitet: So hat Ovid in seinen *Heroides* Frauen Briefe an ihre berühmten Liebhaber oder Männer verfassen lassen, z.B. Dido an Aeneas, Ariadne an Theseus oder Helena an Paris, wie auch in unserem Lektionstext. In diesem literarischen Genre »Brief« kann sich der Autor in Personen und deren Gedanken viel subjektiver und persönlicher hineinversetzen, als dies in einer Darstellung oder Erzählung möglich ist. Auch Philosophen wählten dieses Genre, um in einem tatsächlichen oder meist erfundenen Briefdialog Gedanken mit dem Briefpartner oder mit sich selbst zu erörtern.

Im Text der Lektion 8 hält Tantalus einen Monolog. Tantalus' Gedankengänge, seine Selbstüberhebung und sein Irren lassen sich in einem solchen inneren Monolog klar herausarbeiten. Der Reiz dabei ist, dass der Leser wie ein Zuschauer alles mitbekommt, was Tantalus eigentlich nur zu sich selbst sagt.

Jede Textgattung hat ihre eigenen Regeln. Wenn du sie kennst, hilft dir das beim Übersetzen und Verstehen. So wirst du im Dialog viele kurze Sätze, Fragen, Rückfragen, Halbsätze und Einwürfe finden; in der Erzählung eher lange Sätze, kunstvolle Konstruktionen und komplexe Gedankengebäude.

Überlege:

- Welche Tempora passen zu welcher Gattung?
- Welche Personalendungen erwartest du in
  - Brief
  - Rede
  - Erzählung
  - Dialog?

Trojaner

Fiese kleine Computerprogramme sind das, die »Trojaner«. Als harmlose Software getarnt, greifen sie unerkannt auf fremde Dateien zu und richten bösen Schaden an.

Doch halt! In Wirklichkeit waren es Griechen, die mittels eines »Trojaners« Troja den Garaus bereitet haben. Nach zehn Jahren vergeblicher Belagerung verfielen sie nämlich auf eine List. Unter Mitwirkung der Göttin Minerva (griech. Pallas Athene) bauten sie in nur drei Tagen ein hölzernes Pferd und stellten es an den Strand vor Troja. Anschließend segelten sie zum Schein fort. Die Trojaner, des langen Krieges müde, glaubten den Lügen eines angeblichen griechischen Überläufers mit Namen Sinon. Der machte ihnen weis, dass die Griechen abgezogen seien und das Pferd als Opfer für Minerva zurückgelassen hätten. Warnungen ihres Priesters Laokoon schlugen sie in den Wind. Als dieser mit seinen beiden Söhnen auch noch von zwei Seeschlangen Minervas getötet wurde, bestand für sie kein Zweifel mehr: Der Krieg ist zu Ende. Sie zogen das Pferd in die Stadt und rissen dafür sogar einen Teil der Stadtmauer ein. Was sie nicht ahnten: Im Körper des Pferdes hielten sich die besten griechischen Kämpfer verborgen. Diese verließen nachts ihr Versteck und öffneten die Tore für die mittlerweile zurückgekehrten Griechen. In einer einzigen Nacht besiegten sie nun die völlig unvorbereiteten Trojaner, die in ihrem Siegestaumel unvorsichtig und damit verwundbar geworden waren. Die Griechen hatten hoch gepokert, aber ihre Rechnung war aufgegangen.

Übrigens: »Trojaner« heißen auch in der Computerbranche eigentlich »trojanische Pferde«; erst die Bequemlichkeit der Sprache hat sie fälschlicherweise zu »Trojanern« gemacht.

1. »Trojaner« – »Trojanisches Pferd«: Was hat es mit diesen Begriffen auf sich? Erweitere deine Kenntnisse gegebenenfalls anhand des Internets.
2. Große Namen sind mit dem trojanischen Krieg verbunden. Hier drei der wichtigsten Helden: Odysseus, Hektor, Achilleus. Wähle einen aus und erstelle einen Steckbrief.

Im Bauch des Pferdes

Vortext

Decem annōs Graecī Trōiam oppūgnābant.
Decem annōs Graecī et Trōiānī
māgnā virtūte dēcertābant[1]
et multī eōrum occidēbant.
Decem annōs mulierēs mortem coniugum
et sortem suam dēplōrābant[2].
Sed decimō annō vir callidus[3] dolum invēnit.

1 **dēcertāre,** dēcertō: auf Leben und Tod kämpfen

2 **dēplōrāre,** dēplōrō: beklagen

3 **callidus,** a, um: schlau

Im Bauch des Pferdes

Īdomeneus[1]: Audīte! Trōiānī cantant, clāmant,
‚victōriam' celebrant!
Eōs dēcēpimus. Dolus bene successit[2].

Ulixēs[3]: Tacē! Tuā māgnā vōce nōs prōdis!
Nōndum vīcimus!

Īdomeneus *(leise)*: Nōnne gaudēre licet?
Nōs nunc in forō Trōiae esse putō. –
Sed vērum dīcis; cavēre dēbēmus.
Māgnō in perīculō fuimus. Ista[4] Cassandra!

Menelāus[5]: Trōiānī iterum iterumque
dē equō cōnsulēbant,
cum Cassandra postulāvit:
»Equum in mare[6] iacite, iacite in mare!«
Tum tū, Ulixēs, mihi odiō fuistī. –
Tū et tua prūdentia! Tum tē numquam vīdisse cupīvī.

1 **Īdomeneus,** eī *m.: griechischer Held im Kampf um Troja*

2 **succēdere,** succēdō, successī: gelingen

3 **Ulixēs,** is *m.*: Odysseus

4 **ista** *Nom. Sg. f.*: diese (verfluchte)

5 **Menelāus,** ī *m.*: *König von Sparta*

6 **mare** *Akk. Sg. n.*: Meer

Ulixēs: At Trōiānī equum in urbem trāxērunt.
Nōnne dolus meus vīcit?
Sed vōs sōlum armīs et rōbore corporis pūgnāre
in animō habēbātis.

Menelāus[5]: Dēsināmus[7] iurgāre[8]!
Nōndum Sinōn sīgnum dedit,
nōndum Trōiam expūgnāvimus …

7 **dēsināmus:** lasst uns aufhören
8 **iurgāre,** iurgō: streiten

Ulixēs: Trōiam expūgnābimus[9].
Nam Trōiānīs prūdentia nōn est,
quod Sinōnī crēdidērunt.
Nārrāvit enim iīs
nōs Graecōs Trōiam relīquisse
et equum Minervae deae dōnō dedisse.
Addidit etiam:
»Trahite equum Minervae in urbem vestram!«
Sed Cassandra Trōiānōs dētinēbat.

9 **expūgnābimus:** wir werden erobern

Īdomeneus: Sinōnem audīvī,
sed cūr Trōiānī nōs nōn audīvērunt?
Quamquam nōs
māgnō cum strepitū[10] armōrum
in equō concidimus[11] dolōribusque gemuimus,
Trōiānī nihil audiēbant.

10 **strepitū** *Abl.:* Lärm
11 **concidere,** concidō, concidī: niederstürzen

Ulixēs: Deī nōs adiūvērunt! –
Audīte autem: Sinōn sīgnum dedit!
Claustra[12] equī aperīte!
Is diēs Trōiae ultimus est!

12 **claustra,** ōrum *n.:* Klappe, Verschluss

Vor dem Übersetzen

1. Informiere dich über die Personen im Text mithilfe von Nachschlagewerken.

Nach dem Übersetzen

2. Einmalige Vorgänge in der Vergangenheit werden im Lateinischen im Perfekt ausgedrückt. Erläutere anhand der Zeilen 5–7, 10–12 und 35–38, für welche Art von Vorgängen dagegen das Imperfekt gebraucht wird.
3. Welche Stimmung herrscht im Innern des Pferdes? Belege deine Antwort mit Zitaten.
4. Gestaltet und spielt die Szene im Bauch des Pferdes.

Vokabeln

1. Stelle Gegensatzpaare zusammen und schreibe sie in dein Heft.

heri – celebrare – liberare – gemere – vir – servus – dies – primus – cum – clamare – laetus – terra – odium	amor – laborare – dominus – ultimus – ridere – mulier – nox – tacere – hodie – miser – sine – caelum – capere

2. Ordne die Perfektstämme nach ihrem Merkmal (u-Perfekt, v-Perfekt, Dehnungs-Perfekt, s-Perfekt, Reduplikationsperfekt) und gib jeweils den Präsensstamm an.
ded – vic – vid – i – credid – habu – ven – scrips – amav – promis – timu – trax

Wortformen

3. Schreibe Imperfektformen aus der Silbenschlange heraus und übersetze sie. Die restlichen Silben können zu zwei Perfektformen zusammengesetzt werden.

CAN-TA-BA-MUS-CE-LE-BRA-BAM-SCRIPS-VIN-CE-BAS-IS-
TRA-HE-BA-TIS-TI-DE-SI-NE-BANT-VI-E-RAM-DIT-RED-I-BAT

4. Ein Wort passt aus grammatischen Gründen nicht in die Reihe. Finde das »schwarze Schaf« und begründe deine Antwort.
   a) manebam – turbam – dicebamus – laudabas
   b) erramus – eramus – fuistis – sum
   c) crediderunt – vici – dixit – habebant

5. Ordne die folgenden Formen nach dem Tempus »Präsens«, »Imperfekt«, »Perfekt«. Bilde jeweils die beiden fehlenden Tempora.

Präsens	Imperfekt	Perfekt

reliquit – habebam – addidi – dederunt – est – poteramus – cantas – gemuimus – intersunt – credebatis – consuluisti – abeunt – aperiebas

6. Bestimme folgende Verbformen und wandle sie ins Imperfekt um.
cantant – audis – traxistis – abimus – dedit – narravimus – estis – relinquit – potuisti – taceo – gemunt

7. Wie hieß Paris' Vater, der König von Troja? Bilde folgende Formen und schreibe sie exakt untereinander. Von links oben nach rechts unten ergibt sich in der Diagonalen der Name des Königs von Troja.
   a) 1. P. Singular Präsens von properare
   b) 1. P. Singular Perfekt von credere
   c) Imperativ Plural von adiuvare
   d) 1. P. Singular Imperfekt von errare
   e) 1. P. Plural Präsens von iubere
   f) 1. P. Plural Imperfekt von dare
   g) 2. P. Plural Perfekt von esse

Syntax

8. Gleichzeitig oder vorzeitig? Übersetze.
   a) Omnes sciunt Graecos decem annos Troiam oppugnavisse.
   b) Homerus narrat Ulixem tandem dolum invenisse.
   c) Troiani viderunt Graecos urbem relinquere.
   d) Troiani crediderunt equum donum esse Minervae.

omnes: alle

9. Noch einmal Relativsätze. Übersetze.
   a) Helena, quam Paris e Graecia rapuerat, causa belli erat.
   b) Tandem Ulixes, qui erat vir prudens, dolum invenit.
   c) Troiani verbis Cassandrae, quae periculum vidit et Troianos monebat, non crediderunt.
   d) Equum, in quo milites Graecorum latebant, in urbem traxerunt.

rapuerat: er/sie/es hatte geraubt – **bellum,** i *n.*: Krieg – **prudens:** *Adjektiv zu* prudentia – **miles,** itis *m.*: Soldat – **latere,** lateo: verborgen sein

Übersetzung

10. Dativ in allen Varianten. Übersetze.
   a) Tantalo vita, quam cum deis agebat, magno gaudio erat.
   b) Nam ei cunctae res, quas possidere cupiebat, erant.
   c) Potentia Iovis Tantalo timori non erat.
   d) Nam amicitiam deorum sibi saluti esse putabat.
   e) Sed nunc deis odio est.
   f) Saxum, quod capiti impendet, ei terrori est.
   g) Nunc timor ei semper est.

amicitia, ae *f.*: Freundschaft – **saxum,** i *n.*: Felsblock – **impendere,** impendeo + *Dat.*: über etw. hängen, drohen

Verbindungsstücke

Dass beim Konjugieren Verbalstämme und Personalendungen zusammengefügt werden (manchmal mit Bindevokal), weißt du längst.

habe
vinc

-i-
-u-

-o
-s
-t
-mus
-tis
-nt

Jetzt gibt es etwas Neues: Zwischen Präsensstamm und Personalendung tritt das Tempuskennzeichen »ba« – und aus Präsens wird Imperfekt. Es ist gut, sich dieses Baukastenprinzip immer wieder aufs Neue klarzumachen.

habe
vinc

-ba-
-eba-

-m
-s
-t
-mus
-tis
-nt

Überlege: Wo gibt es im Deutschen oder im Englischen Verbformen nach dem Baukastenprinzip? Was sind im Deutschen »schwache Verben«?

Typisch Mann?

Nein, dies ist keine feministische Kampfansage an die Männer, auch wenn der sonst so besonnene Held *Aeneas* in dieser Geschichte vielleicht wirklich keine gute Figur abgegeben hat und damit einem weit verbreiteten Vorurteil entspricht: Bei Nacht und Nebel hatte er nämlich Königin *Dido* verlassen, sie, die ihm und den Seinen nach der Flucht aus Troja im gerade entstehenden Karthago eine neue Heimat angeboten hatte.

Dido, voll Trauer um ihren ermordeten Ehemann *Sychaeus*, hatte geschworen, nie wieder zu heiraten. Doch dann trat der ebenfalls verwitwete Aeneas, Sohn der Göttin Venus und Vater des kleinen *Ascanius (Iulus)* in ihr Leben. Die Tragödie nimmt ihren Lauf. Das Schicksal hatte Aeneas auferlegt, in Italien ein neues Volk zu gründen. Doch ausgerechnet Venus funkt dazwischen. Sie will ihren Sohn schützen und lässt Dido in Liebe zu ihm entbrennen.

Damit stürzt sie Aeneas in einen Gewissenskonflikt. Er ist hin- und hergerissen zwischen seinen Gefühlen zu Dido und dem, was das Schicksal von ihm erwartet. Im Grunde weiß er jedoch, dass er sich für die Trennung von Dido entscheiden wird. Er kann ihre Gefühle nicht in der Weise erwidern, wie sie es sich wünscht. Für ihn wird es in dieser Beziehung deshalb nur Verlierer geben. Aeneas ahnt, dass Dido dies nicht verstehen wird und scheut die Auseinandersetzung. Typisch Mann? Nein! Man mag ihm sein Verhalten als Feigheit auslegen. Aber Aeneas schätzt die Lage realistisch ein. Ein Ende mit Schrecken ist für ihn tatsächlich die einzige Chance, dem Erwartungsdruck Didos zu entgehen. Doch wie wird Dido mit dieser Situation umgehen?

Die *Aeneis* des Dichters *Vergil* wurde wie kein anderes Werk zum Symbol des unter Kaiser *Augustus* neu erstarkten römischen Selbstbewusstseins. In der tragischen Liebesgeschichte von Dido und Aeneas sehen viele einen Hinweis auf die spätere Feindschaft zwischen Rom und Karthago, die 146 v. Chr. mit der völligen Zerstörung Karthagos endete.

1. Erzähle die tragische Liebesgeschichte von Dido und Aeneas nach. Ist das Verhalten des Aeneas nachvollziehbar? Was mag Dido empfunden haben?
2. Erweitere deine Kenntnisse mithilfe eines Lexikons und/oder dem Internet. Informiere dich auch über den Begriff *Tragödie*. Hätte ein Konflikt vermieden werden können? Diskutiert in der Klasse.
3. Verfasse eine Kurzbiographie zu Vergil.

Dido und Aeneas

Buchmalerei um 1500 von Bartolomeo da S. Vito. Aeneas wird von Dido in Karthago willkommen geheißen.

Post interitum Trōiae –
postquam exercitūs Graecōrum[1]
urbem expūgnāvērunt et incendērunt –
Aenēās, fīlius Anchīsae Trōiānī et Veneris deae,
cum Anchīsā patre, Iūlō fīliō paucīsque sociīs Trōiā effūgit.
Iussū deōrum in Italiā patriam novam quaerēbat.

1 **Graecī,** ōrum *m. Pl.:* Griechen

Trōiānī iam ōrae Italiae appropinquābant,
iam sē timōre atque metū līberātōs[3] esse gaudēbant,
cum subitō māgna tempestās coorta[4] est …

3 **līberātus,** a, um: befreit
4 **coorta est:** erhob sich, brach aus

Aegrē Trōiānī nāvēs ad Āfricam appulērunt[5].
Ibī Dīdō rēgīna,
ubī prīmum dē interitū Trōiae audīvit,
»Sī, hospitēs,« inquit »Carthāgō[6], urbs nova,
quam aedificāre coepī[7],
vōbīs placet, nōbīscum in Āfricā manēre vōbīs licet.«

5 **appulērunt:** sie lenkten
6 **Carthāgō,** inis *f.:* Karthago
7 **coepī:** ich habe angefangen

Trōiānī aliquamdiū[8] Carthāgine vīvēbant
et novā patriā valdē contentī erant.
Dīdō Aenēam amābat, Aenēās Dīdōnem amābat.
Dē rēgiā novās domōs pulchrās spectābant,
erant laetī beātīque.
Aliquandō autem Mercurius, nūntius deōrum,

8 **aliquamdiū** *Adv.:* eine Zeit lang

Aenēam adiit:
»Īra deōrum māgna est, Aenēā!
Cūr nōn in Italiā patriam novam quaesīvistī,
ut deī iusserant[9]?
An īgnōrās Iovem gentī tuae rēgnum Italiae
– quīn etiam rēgnum orbis terrārum – prōmīsisse?
Relinque Carthāginem, relinque Dīdōnem!«

Aenēās, quamquam maestus erat,
quod ei Carthāgine manēre nōn licēbat,
tamen reverentiā deōrum commōtus[10] pāruit.

Dīdō, postquam Trōiānōs altum petīvisse[11] vīdit,
manūs ad caelum porrēxit[12]:
»Ō deī, cūr tam saevī estis?
Cūr Aenēam mē relīquisse permittitis?
Et tū, Aenēā!
Nōnne tē mē amāre iterum atque iterum dīcēbās?
Nōnne mē tē ex animō amāvisse nōvistī?
Sed nunc tū mihi odiō es,
tū causa interitūs meī es …«
Tum Dīdō sē occīdit[13].

Trōiānī autem in Italiā patriam novam invēnērunt.

9 **iusserant** *Plusqu. von iubere:* sie hatten …

10 **commōtus,** a, um: bewegt

11 **altum petere,** petō (*Perf.:* petīvī): in See stechen

12 **porrigere,** porrigō (*Perf.:* porrēxī): ausstrecken

13 **occīdere,** occīdō: töten

Vor dem Übersetzen

1. Sammle erste Informationen: Nach welchem Ereignis setzt die Handlung dieses Lektionstextes ein? Wo spielt die Handlung? Wer sind die Hauptpersonen?
2. Gliedere den Text und finde heraus, worum es in den einzelnen Abschnitten geht. (Wer? Wo? Was?)

Nach dem Übersetzen

3. Wie entwickelt sich der Aufenthalt der Trojaner in Karthago? Zitiere die zentralen lateinischen Formulierungen.
4. Welches Ereignis markiert die entscheidende Wende während des Aufenthaltes? Beschreibe die Folgen.

Zusatzaufgabe: Informiere dich über die geografische Lage, die Geschichte und die Bedeutung Karthagos.

Vokabeln

1. Liste mindestens 5 lateinische Vokabeln auf, die
   a) eine fröhliche Stimmung,
   b) Kummer und negative Gefühle ausdrücken.

2. Die Subjunktionen sind geschüttelt worden. Stelle sie wieder her und gib ihre Bedeutung an.
   douq, is, quammauq, staquomp, biu, tu, muc

Wortformen

3. Ersetze
   die Formen von *timor* timor, timore, timori
   durch die entsprechenden von *metus*,

   die Formen von *mors* mortem, mortis, morte
   durch die von *interitus*,

   die Formen von *villa* villis, villarum, villae
   durch die von *domus*,

   die Formen von *turba* turba, turbā, turbam, turbae
   durch die von *manus*.

4. Ein Wort passt aus grammatischen Gründen nicht in die Reihe. Suche das »schwarze Schaf« und begründe deine Antwort.
   a) metum – domum – manum – virum
   b) domum – rem – manum – terrorem
   c) exercitum – hominum – manum – rem
   d) scripsi – dixi – incendi – traxi

5. Ergänze die fehlenden Endungen. Manchmal gibt es mehrere Möglichkeiten.
   exercit● Romano – soci● vestros – tempestat● saevas – manu● parvae – vulner● mei – met● magno – dom● pulchram – gent● vicinis – exercit● vestrorum

6. Folgende Formen sind nicht eindeutig. Bestimme alle Möglichkeiten.
   exercitibus – gentes – patria – orbis – manus – corpus – victoriae – res

7. Ordne den Formen von *qui, quae, quod* eine entsprechende Form von *is, ea, id* zu.

qui, quae, quod	*is, ea, id*
quarum, quem, quibus, quod, quos, cui, quam, cuius, quae	eis, eius, earum, eum, id, ei, eos, eam, ea

Syntax

8. Genitivus subiectivus oder obiectivus? Übersetze die folgenden Ausdrücke. Übersetze sie doppelt, wo beide Auffassungen denkbar wären.
   ira deorum – metus Didonis – regnum orbis terrarum – amor Aeneae – reverentia deorum

9. Ordne den Hauptsätzen in der linken Spalte den jeweils passenden Gliedsatz aus der rechten Spalte zu. Übersetze die Satzgefüge.

Menelaus valde iratus fuit.	postquam Ulixes dolum invenit
Tamen urbem expugnare non poterant.	ut poetae narrant
Troiani orae Africae appropinquaverunt.	dum Dido regina urbem novam aedificat
Homines parere debent.	ubi vidit uxorem Troiam abisse
Graeci equum ligneum aedificaverunt.	quod valde eam amabat
Paris Helenam rapuit.	quamquam Graeci decem annos Troiam oppugnabant
Graeci tandem Troianos superaverunt.	cum dei aliquid iubent

poeta, ae *m.*: Dichter – **ligneus,** a, um: hölzern – **rapere,** io, rapui: eilig ergreifen, rauben

Sprachreflexion

10. Betrachte noch einmal den Lektionstext. Untersuche, in welchen Abschnitten das Perfekt und in welchen das Imperfekt vorherrscht. Gib Erklärungen für den lateinischen Sprachgebrauch.

11. Mit welchen Stilmitteln werden im Lektionstext Aussagen hervorgehoben? Beschreibe die Wirkung.

Texterschließung: Personen und Sachfelder

Was unterscheidet einen Text von zusammenhangslosen Einzelsätzen? Welche Elemente gewährleisten den Zusammenhang der einzelnen Sätze?

Wenn du diese Elemente analysierst, bekommst du eine erste Vorstellung vom Inhalt und der Struktur eines neuen, unbekannten Textes.

Dido ist unsterblich in *Aeneas* verliebt, *der* **ihre** Liebe erwidert. Doch das Schicksal will es anders: Iuppiter schickt seinen Boten Merkur auf die Erde, um *Aeneas* an *seine* Aufgabe zu erinnern. Heimlich bereitet *Aeneas seinen* Aufbruch vor; doch **die Königin** lässt **sich** nicht täuschen: Außer **sich** vor Empörung stellt **sie** *den Geliebten* zur Rede: »*Du* Verräter, glaubtest *du* wirklich, *dich* heimlich fortstehlen zu können? Hält *dich* nicht unsere Liebe, unsere Treue und *dein* Eheversprechen? Und *du* willst fahren, ohne jedes Gefühl? **Ich** flehe *dich* an: Bleib, verlasse **mich** nicht!«

Schon bricht *Aeneas* auf und *sein* Schiff verlässt den Hafen. Voll Wut spricht **die Todgeweihte** einen unheilvollen Fluch: »Mögest *du* einen grausamen Tod sterben und für immer unbestattet verwesen. Doch ihr, mein Volk, verfolgt mit Hass den *Trojaner* und *seine* Nachkommen!« Und mit diesen Worten stürzte sich die **Karthagerin** ins Schwert und hauchte **ihr** Leben aus.

1. Aeneas und Dido werden nicht immer mit Namen genannt. Beschreibe, welche Wörter stattdessen verwendet werden und erkläre, woher du jeweils weißt, wer gemeint ist.
2. Ein Thema des Textes ist die unglückliche Liebe zwischen Dido und Aeneas. Belege dies anhand des Textes und suche entsprechende Wörter heraus.
3. Erläutere, wie dieses Wissen dir beim Verstehen eines Textes helfen kann.

Am Ziel ist nichts mir deutlich als der Weg

... der kein erlaubter war und kein gerechter.

753 v. Chr.: Ein Mann wird erschlagen. Juristischer Befund: Totschlag im Affekt. Der Täter heißt Romulus, das Opfer Remus. Sie sind Zwillingsbrüder. Das alles sagt dir etwas? Richtig: Sieben – fünf – drei, Rom schlüpft aus dem Ei. Ausgerechnet mit einer Bluttat wird die Gründung Roms also in Verbindung gebracht. Kein rühmlicher Start in die Weltgeschichte!

Die Hintergründe der Tat: Amulius hatte Numitor, den rechtmäßigen König der Stadt Alba Longa, vertrieben und dessen Tochter Rhea Silva zu einer jungfräulichen Priesterin der Vesta gemacht. Er wollte damit verhindern, dass Numitor Nachkommen hätte.

Rhea Silva wurde trotzdem durch Mars, den Kriegsgott, mit den Zwillingen schwanger. Nach der Geburt ihrer Söhne verurteilte man sie zum Tode, die Säuglinge setzte man am Tiberufer aus. Sie überlebten, weil eine Wölfin sie säugte und ein Hirtenpaar sich ihrer annahm. Später vertrieben die beiden Amulius und gaben die Königsherrschaft an Numitor zurück.

Der gestattete ihnen die Gründung einer Stadt an der Stelle, an der sie ausgesetzt worden waren. Vogelflug sollte entscheiden, wer die Stadt bauen durfte. Zunächst sah es aus, als sei Remus der Auserwählte – sechs Geier kreisten am Himmel. Dann aber erschienen zwölf Geier für Romulus. Er zog einen Grenzgraben für die neue Stadt, eine symbolische erste Mauer. Remus war beleidigt und machte sich über seinen Bruder lustig. Er sprang über den Graben und wurde von Romulus erschlagen.

1. Wenn Brüder zu tödlichen Feinden werden ... Für Rom nicht gerade ein Traumstart in die Weltgeschichte. Viele Historiker halten diese Entstehungsgeschichte Roms allerdings nur für eine Sage. Informiere dich genauer darüber und nenne Gründe für und gegen die Historizität der Ereignisse.
2. Die Textüberschrift verweist auf einen Konflikt zwischen Kaiser Rudolph II. und seinem Bruder Matthias. Das Zitat stammt aus dem Drama *Ein Bruderzwist in Habsburg* von Grillparzer. Könnte Romulus eine ähnliche Aussage machen?

Die Gründung der Stadt Rom

Rōmulus et Remus Albam oppidum, ubī habitāverant, relīquērunt, quod urbem novam condere cupiēbant. Ille in monte Palātiō[1], hic in monte Aventīnō[2] locum idōneum quaesīvit. Illī urbis nōmen Rōmae, huic Remūriae placuit. Pāstōrēs, quī in eā regiōne vīvēbant, illīus ingenium, audāciam huius laudābant.

1 **Palātium,** ī *n.:* Palatin *(einer der sieben Hügel Roms)*
2 **Aventīnus mōns,** Aventīnī montis *m.:* Aventin *(einer der sieben Hügel Roms)*

Frātrēs saepe inter sē dē prīncipātū certābant. Tandem Numitor avus[3], quem frātrēs dē istā contrōversiā cōnsuluerant, »vulturēs[4]« inquit »illīs antīquīs temporibus, dē quibus māiōrēs nārrāvērunt, auspicium saepe faciēbant[5]. Māiōrēs enim ex cōnsiliō eōrum, quī māgnum numerum vulturum[4] vīderant aut hōrum volātum[6] interpretārī[7] potuerant, saepe urbēs condidērunt. Auspicium capere[8] deīs etiam hōc tempore certē placet. Auspicium igitur capite[8]!«

3 **avus,** ī *m.:* Großvater
4 **vultur,** is *m.:* Geier
5 **auspicium facere,** faciō: ein Wahrzeichen geben
6 **volātus,** ūs *m.:* Flug
7 **interpretārī:** deuten, auslegen
8 **auspicium capere,** capiō: ein Wahrzeichen einholen

Mox pāstōrēs illum in Palātiō[1], hunc in Aventīnō[2] vulturēs[4] exspectāre vīdērunt. Subitō Remus vocāvit: »Vidēte! Sex vulturēs[4]! Sex vulturēs[4] advolant!« Iam victōriam suam celebrāvit, cum Rōmulus clāmāvit: »Duodecim, vidēte, duodecim vulturēs[4] adsunt!« Pāstōrēs, quī haec audīverant, hunc vīcisse cōnsēnsērunt, illum relīquērunt, in Palātium abiērunt.

Hōc locō Rōmulus iam bovī iugum[9] imposuerat et sulcum[10] facere coepit. Tum pāstōribus »Deī« inquit »mē hanc urbem condere atque vōbīs patriam novam dare iussērunt. Hic sulcus[10] fīnis patriae nostrae estō[11]. Hostis est, quī eum trānsit.«

9 **iugum,** ī *n.:* Joch
10 **sulcus,** ī *m.:* Furche
11 **estō:** er/sie/es soll sein

Remus, quī haec audīverat, rīsit: »Ō Rōmule frāter,
putāsne rē vērā istum sulcum[10] hostibus terrōrī esse?
Ūnō pede eum trānsīre possum!«

Vix[12] pedem in sulcō[10] posuerat,
cum Rōmulus Remum, frātrem suum,
ante pāstōrum oculōs necāvit.
»Hōc modō« inquit »nostram urbem
ab hostibus dēfendere
semper parātī esse dēbēmus!«
Tum Rōmulus urbem, quam condiderat,
ex nōmine suō Rōmam vocāvit.

12 **vix** *Adv.:* kaum

Vor dem Übersetzen

1. Sammle erste Informationen:
   a) Wo spielt die Handlung?
   b) Suche die beiden Hauptpersonen heraus, indem du prüfst, welche Namen häufig vorkommen.
   c) Die beiden Hauptpersonen werden immer wieder aufgenommen, u.a. mit den Wörtern *hic* und *ille. Hic* bezeichnet die Person, die im Text zuletzt genannt wurde. Suche die Formen von *hic* und *ille* aus dem Text heraus und bestimme jeweils, worauf sie sich beziehen. Achtung: Die Zuordnung ändert sich.

Nach dem Übersetzen

2. Gliedere den Text und finde heraus, worum es in den einzelnen Abschnitten jeweils geht. Gib den einzelnen Textabschnitten Überschriften.
3. Charakterisiere die beiden Brüder Romulus und Remus. Wie ist ihr Verhältnis?
4. Wie reagiert Romulus auf die Provokation von Remus? Ist seine Reaktion gerechtfertigt?

Vokabeln

1. Suche aus dem Lektionstext alle lateinischen Begriffe zum Sachfeld »Streit / Auseinandersetzung« und ergänze sie um weitere. Ordne die Wörter zu einer Mind Map.

Wortformen

2. Stelle die geschüttelten Formen von *iste, ista, istud* wieder her und bestimme sie:
asti, umsti, tsmai, duist, itsi, eista, armiust, umriost, isist, usitis.

3. Ordne den Formen von *hic, haec, hoc* jeweils eine passende Form von *ille, illa, illud* zu und bestimme sie.

hic, haec, hoc	*ille, illa illud*
huic, huius, hi, horum, hōc, hanc, his, haec, has	illius, illas, illo, illa, illis, illi, illorum, illi, illam

4. Ersetze folgende Substantive durch die entsprechenden Formen von:
   a) *hic, haec, hoc*
   pastoribus, fratres, corpora, maiores, re, victoriae, urbem, robur
   b) *ille, illa, illud*
   patre, urbem, cum sociis, naves, regina, deorum, doloribus, armorum

5. Bilde je 8 Perfekt- und Plusquamperfekt-Formen und übersetze sie.

fec-		fu-		habu-		ded-		necav-	
erant	isti	erunt	imus	eramus	i	eras	eratis	it	eram

6. Verwandle jeweils ins Perfekt und dann ins Plusquamperfekt.
iubent, cogitat, promitto, est, cognoscimus, dicis, potestis, redeunt

7. Ein Wort passt aus grammatischen Gründen nicht in die Reihe. Suche das »schwarze Schaf« und begründe deine Antwort.
   a) necaverunt – capiunt – coepisti – dixit
   b) metus – exercitu – rebus – domui
   c) parui – permisi – domini – vixi
   d) posse – credere – vincere – fecisse
   e) hostium – illius – finis – huius

Syntax

8. Suche aus dem Lektionstext alle Sätze heraus, in denen das Plusquamperfekt vorkommt. Erkläre jeweils den Gebrauch dieses Tempus aus dem Zusammenhang.

9. Übersetze die folgenden Sätze. Wer ist jeweils mit *hic*, wer mit *ille* gemeint?
   a) Cain et Abel fratres erant. Ille agricola, hic pastor erat.
   b) Abel Deo oves de grege sua dono dedit, Cain frumentum de agro suo. Deo donum huius non placuit, illius libenter accepit.
   c) Illum laudavit, hunc vituperavit. Itaque Cain iratus erat et fratrem suum necavit.

agricola, ae *m.*: Bauer – **oves,** is *f.*: Schaf – **ager,** agri *m.*: Acker

»Der Brudermord«. Glasfenster aus dem Münster Ulm.

Übersetzung

10. Um Abstraktes auszudrücken, verwenden römische Philosophen substantivierte Adjektive und Pronomina im Neutrum Plural, z.B. *bona*: die guten Dinge, das Gute (»ich glaube an *das Gute* im Menschen«). Übersetze:
dura, idonea, mea, nova, pauca, pulchra, sua

Sprachreflexion

11. Du kennst schon verschiedene Pronomina: Relativpronomen, Demonstrativpronomen, Personalpronomen und Possessivpronomen.
   a) Sammle alle Pronomina, die du kennst, und ordne sie den vier Typen zu.
   b) Formuliere für jeden Typ eine Funktionsbeschreibung. Die folgenden Sätze können dir dabei helfen.

Romulus et Remus, **qui** urbem condere cupiebant, auspicium ceperunt.
Ille in monte Palatio, **hic** in monte Aventino caelum observabat.
Remus primus vultures vidit et clamavit: »**Ego** victor sum!«
Sed re vera Romulus vicit et urbem ex nomine **suo** Romam vocavit.

auspicium capere, capio, cepi: ein Wahrzeichen einholen – **observare,** o: beobachten – **vultur,** is *m.*: Geier – **victor,** oris: Sieger

Bilderdetektive

Wenn ein Maler ein Bild malt, bringt er seine Gedanken und Einstellungen, seine Erfahrungen und Absichten mit auf die Leinwand.

Wenn du ein Bild betrachtest, bringst du dich selbst - deine Gedanken und Einstellungen, Erfahrungen und Erwartungen - mit ein. Du siehst ein Bild durch deine persönliche Brille.

Ein Bild hat aber mehr zu bieten als nur deinen ersten persönlichen Eindruck: Wie ein Detektiv kannst du dich an das Bild herantasten. Schau dir das Bild genau an und beschreibe Punkt für Punkt, was du siehst. Erst auf dieser Grundlage kannst du dich an die Deutung machen, ohne vorschnelle Schlüsse zu ziehen. Wichtige Zusatzindizien sind die Person des Malers, die Zeit, in der er malte sowie der Titel des Bildes. Allerdings: Nicht jedes Bild gibt auf alles Antwort …

»Gründung Roms – Romulus erschlägt Remus«. Gemälde von Thomas Schmid. Kloster St. Georgen, Stein am Rhein.

Jetzt bist du Bilderdetektiv:

- Was ist abgebildet? Beschreibe, was auf dem Bild dargestellt ist.
- Welche Zusatzinformation gibt der Titel? Setze das Bild in Bezug zu seinem Titel.
- Zu welcher Zeit wurde das Bild gemalt? Beschreibe, welche Spuren die Zeit des Malers auf dem Bild hinterlassen hat.
- Welche Stimmung, welche Gedanken und Assoziationen löst das Bild bei dir aus?
- Schlüpfe in die Rolle einer der dargestellten Figuren: Was denkst und fühlst du?

Herren der Welt

146 v. Chr.: Karthago, die große Konkurrentin Roms, ist endgültig besiegt; ein Kraftakt für Scipio Africanus Minor, den asketischen und charismatischen Feldherrn.

Die Zeche aber zahlen die Kleinbauern aus Latium. Als einfache Soldaten hatten sie auf römischer Seite gekämpft. Welche Opfer hatte man ihnen abverlangt! Doch das Schlimmste steht ihnen noch bevor. Weil der Krieg sehr lange gedauert hatte, konnten sie ihre Höfe nicht bewirtschaften. Nun liegen ihre Felder brach, ihre Familien hungern. Tatenlos müssen sie zudem mit ansehen, wie die Großgrundbesitzer ihre Ländereien immer weiter ausdehnen. Viele Bauern werden in Schulden getrieben und verlieren ihr Land. Arbeit gibt es für sie nicht, denn Sklaven sind billiger und stehen infolge der römischen Expansionspolitik in beinahe unbegrenzter Zahl zur Verfügung. Heimatlos und verarmt ziehen die Bauern nach Rom und bilden hier eine neue Gesellschaftsschicht, die *proletarii.* Man nennt sie so, weil ihr einziger Besitz aus *proles* – Nachkommen – besteht. Nur das römische Bürgerrecht gesteht man ihnen zu. Neben den *patricii*, den Adligen, und der *plebs urbana,* den stadtrömischen Bürgern, bilden sie den dritten Stand. Als »Stimmvieh« sind sie für Politiker freilich interessant. Diese rekrutieren ihre Wählerstimmen aus den *proletarii* und sorgen im Gegenzug für Brot und Unterhaltung, *panem et circenses.* Die *proletarii* sind die großen Verlierer bei Roms Aufstieg zur Weltmacht. Bemühungen von Politikern, allen voran des *Tiberius Gracchus* 133 v. Chr., an dieser Situation etwas zu ändern, werden im Keim erstickt. In der Folgezeit kommt es immer wieder zu Bürgerkriegen. Doch für die verarmte Stadtbevölkerung ändert sich nichts.

1. Erläutere die Hintergründe für die Entstehung des römischen Proletariats. Greife dabei auch auf Erkenntnisse aus dem Geschichtsunterricht zurück.
2. Verfasse eine Kurzbiographie zu Tiberius Gracchus. Warum ist er am Ende mit seiner Politik gescheitert?

Ein unerbittlicher Gläubiger

Pachtzahlung. Grabrelief aus Neumagen, 3. Jh. n. Chr.

Lūcius: (*intrat*) Camilla! Bovem vendere dēbēmus –
bovem vendere cōgimur.

Camilla: Esne vēsānus[1]? Quōmodo agrum arēmus[2]?

Lūcius: Nesciō – sed pecūniam Aulō reddī[3] necesse est.
Īrā Aulī terreor.

Camilla: Ō Lūcī, cūr cum pāce[4]
vīvere nōn possumus?
Aulus ipse tam dīves[5] est …

Lūcius: Patriciī[6] avārī sunt.
Cūnctī agrī huius regiōnis ā patriciīs[6] emuntur,
agricolae parvō pretiō
agrōs suōs vendere ab iīs cōguntur.
Patriciī[6] nōs perdunt!

Camilla: Nōn sōlum patriciī[6] ipsī,
sed etiam bellum nōs perdit.
Cōnsulēs cīvēs in arma coēgerant:
Tū mīles erās,
ā mē agrī colēbantur,
ā mē līberī ēducābantur,

1 **vēsānus,** a, um: verrückt
2 **arēmus:** wir sollen pflügen
3 **reddere,** *reddō: erschließe die Bedeutung aus re-dare*
4 **pāx,** is *f.*: Friede
5 **dīves** *Nom. Sg. m.*: reich
6 **patricius,** iī *m.*: Patrizier

ā mē sitis et famēs eōrum
pōtiōne[7] et cibō dēpellēbātur.
Sed rēs nostrās sine auxiliō tuō
servāre nōn poteram … (*flet*)

Lūcius: Quamquam vīta mea crūdēlitāte hostium
māgnō in perīculō fuerat,
quamquam istud bellum nōn equitēs,
sed nōs peditēs fēlīciter[8] fīnīverāmus,
patria,
quam nōs ipsī servāverāmus, nōs nōn bene accēpit.
Glōria nōn māgnō cōnstat[9].
Frūmentum, nōn glōria nōbīs dēest …

Subitō ōstium[10] aperītur.

Camilla: Mārce! Ab Aulō mitteris!
Mārcus: Habētisne pecūniam
ab Aulō mūtuam datam[11]?
Lūcius: Hanc partem pecūniae
hodiē tibi dare possumus,
alteram partem …
Mārcus: Ab Aulō iterum iterumque adiuvābāminī.
Num nunc sōlum partem pecūniae ei datis?
Aulus crās[12] tē, Lūcī, in iūs dūcet[13].
Abit.

Lūcius Camillae: Nunc auxilium
ā patre tuō petere[14] dēbeō.
Ā quō mē nōn dīligī sciō,
sed fortasse tuae salūtis causā nōs adiuvābit[15].

7 **pōtiō,** ōnis *f.*: Trank
8 **fēlīciter** *Adv.*: glücklich
9 **cōnstat:** er / sie / es kostet
10 **ōstium,** ī *n.*: Tür
11 **mūtua data:** geliehen
12 **crās** *Adv.*: morgen
13 **in iūs dūcet:** er wird vor Gericht bringen
14 **petere,** petō: bitten
15 **adiuvābit:** *3. Pers. Sg. Futur von* adiuvāre

Vor dem Übersetzen

1. An welchen Wörtern erkennst du, dass die Familie von Lucius und Camilla auf dem Land lebt? Zitiere lateinisch.
2. An welchen Wörtern erkennst du, in welcher Lebenssituation sich die Familie befindet? Zitiere lateinisch.

Nach dem Übersetzen

3. Benenne die Ursachen für die schwierige Lage der Familie.
4. Führe die Informationen an, die der Text über die Patrizier enthält. Beurteile die Haltung des Aulus.

Vokabeln

1. Hier ist ein Buchstabensalat entstanden. Sortiere die Buchstaben richtig und gib die Bedeutung der Wörter an.
drepree – vicsi – creole – sorsftae – istis – mefas – tumprei

Wortformen

2. a) Ordne die Formen von *ipse, ipsa, ipsum* den entsprechenden Formen von *ille, illa, illud* zu.

ipse, ipsa, ipsum	*ille, illa illud*
ipsi, ipsius, ipsae, ipsorum, ipsum, ipsam, ipsis, ipsa, ipsas	illius, illas, illa, illud, illis, illi, illorum, illae, illam

b) Ergänze jeweils die passende Form von *ipse, ipsa, ipsum*.
auxilio __; agricola __; civium __; controversiam __; fratri __; domus__;

3. Aktiv oder Passiv: Suche aus dem Wortsalat die Passivformen heraus.

dixisti – nomini – coegerunt – hostis – flectitur – trahuntur – terremini – superantur – acciperis – detinemur – rideo – mittebar

4. Bilde von folgenden Formen das Passiv:
depellunt – diligere – terremus – defendit – relinquis – vincere

5. Verwandele folgende Sätze ins Aktiv, sodass die inhaltliche Aussage gleich bleibt.
   a) Crudelitate Auli terremur.
   b) Cuncti agri huius regionis a patriciis emuntur.
   c) A me agri coluntur.
   d) A me liberi educantur.
   e) Ab Aulo bovem vendere cogimur.

patricius, ii *m.*: Patrizier

6. Nicht jedes -m ist ein Akkusativkennzeichen. Bestimme die Formen, die keine Akkusative sind. Vorsicht: Es sind nicht nur Substantive dabei.
   a) civem, rem, fratrem, laborem, diem, quem, dentem, autem
   b) domum, errorum, interdum, rerum, urbium, colloquium
   c) exercitum, exercituum, sum, suum, agrum, hostium, eorum
   d) iam, illam, ibam, iram, iubebam, ancillam, orabam

Syntax

7. Die Sätze in den Lektionstexten werden länger; manchmal kann es helfen, sich vor der Übersetzung anhand eines Schemas einen Überblick über den Aufbau eines Satzgefüges zu verschaffen. So lässt sich zum Beispiel der lange Satz in Lektion 11, Z. 29–31 folgendermaßen schematisch darstellen:

Hauptsatz	Gliedsatz erster Ordnung	Gliedsatz zweiter Ordnung
Aeneas,		
	quamquam maestus erat,	
		quod ei Carthagine manere non licebat,
tamen reverentia deorum commotus paruit.		

commotus, a, um: bewegt

Erstelle nach diesem Muster ein Schema folgender Sätze:

a) Hostis est, qui sulcum transit.
b) Vix pedem in sulco posuerat, cum Romulus Remum ante pastorum oculos necavit.
c) Quamquam vita mea crudelitate hostium magno in periculo fuerat, patria, quam nos ipsi servaveramus, nos non bene accepit.

sulcus, i: Furche – **vix** *Adv.:* kaum

Übersetzung

8. Suche verschiedene Möglichkeiten für die Wiedergabe des Passivs.
   a) Alba oppidum a Romulo et Remo relinquitur.
   b) Controversia finiri non potest.
   c) Remus a Romulo vincitur.
   d) Victoria celebratur.
   e) Pastores terrentur.

9. Suche für *ipse* jeweils eine passende deutsche Übersetzung.
   Beispiel: ad portam ipsam: (zur Tür selbst), direkt zur Tür, gerade zur Tür
   a) Dominus ipse venit.
   b) Nunc ipsum te visitare cupio.
   c) Carthagine decem ipsos dies fui.
   d) Filia mea non adfuit natali meo ipso die.
   e) Sapiens ipse per se beatus est.

natali die: am Geburtstag – **sapiens,** tis *m.:* der Weise

Leiden in der Leideform

Du »leidest«, weil du neue Endungen lernen musst – die Passivendungen -or, -ris, -tur, -mur, -mini, -ntur. Das Passiv heißt auch die »Leideform«, da das Subjekt eines Passivsatzes nicht kontrollieren kann, was mit ihm geschieht – und manchmal leiden muss.
Wenn du etwas übst, wirst du die neuen Formen schnell erkennen:

decipis putabam vincimur flecteris afficitis cogebatur
defendemini flectimus videbamus capior

Doch wie übersetze ich das Passiv?
1. Erst einmal übersetze ich eine Passiv-Form mit einem deutschen Passiv.

serva|mini| → ihr |werdet| gerettet

2. Im Deutschen ist das Passiv oft schwerfällig. Deshalb bietet sich manchmal eine Übersetzung im Aktiv oder die Umschreibung mit »man« an.

Dies ist stets die Kunst des Übersetzens: Formen und Strukturen der Ursprungssprache zu verstehen – und dann zu überlegen, wie das Gleiche in der Muttersprache am natürlichsten zum Ausdruck kommt.

Aber wozu brauche ich überhaupt das Passiv?

Im Deutschen klingt eine Formulierung im Passiv oft sehr formal – du kennst das schon vom »Amtsdeutsch«: da wird vieles unpersönlich ausgedrückt … Schauen wir uns einmal einen lateinischen Satz im Passiv an:

Bovem vendere cogimur. – Wir werden gezwungen, die Kuh zu verkaufen.

Wir erfahren aber nicht, WER uns dazu zwingt … Es kann sein, dass wir das einfach nicht wissen. Oder aber, wir wollen das lieber verschweigen, weil es uns in Schwierigkeit bringen kann. Außerdem kann das Passiv dazu dienen, das »Opfer« oder den »Täter« zu betonen.

Veni – Vidi – Vici

Es gibt lateinische Zitate, die kennt wirklich jeder. Dies ist eines davon. Schon der griechische Schriftsteller Plutarch bewunderte das lateinische Original, weil es mit seiner gleichlautenden Endung die griechische Übersetzung ἦλθον, εἶδον, ἐνίκησα (älthon, eidon, enikäsa) sprachlich übertreffe.

Der Urheber des Zitats verfügte zweifellos über ein großes sprachliches Talent. Kein Wunder, schließlich war es niemand Geringeres als *Gaius Iulius Caesar.* Er ließ im Jahre 47 v. Chr. mit diesen Worten seinen Freund wissen, dass er sozusagen im Durchmarsch König Pharnakes II. von Pontus vernichtend geschlagen habe.

Caesar war ein strategisches und rhetorisches Genie. Weitsicht gepaart mit Skrupellosigkeit, dazu persönliches Charisma und das rechte Wort zur rechten Zeit hatten ihm im gallischen Krieg (58 bis 52 v. Chr.) große Siege beschert. Viele seiner Legionäre gingen für ihn durch Dick und Dünn.

Den Senatoren aber machte er Angst. Als er sich im Jahre 49 v. Chr ein weiteres Mal um das Amt des Konsuln bewerben wollte – sein erstes Konsulat übte er im Jahre 59 v. Chr. aus –, hätte er sein Heer auflösen und seinen Oberbefehl für Gallien und Illyrien niederlegen müssen. Doch er weigerte sich; so kam es zum Bürgerkrieg. Mit dem Ausruf *alea iacta est* überschritt Caesar den Rubicon, den Grenzfluss zwischen der Provinz Gallien und Italien, und führte seine Legionen gegen Pompeius und den Senat.

Nach dem Ende des Bürgerkrieges 48 v. Chr. war Caesar der mächtigste Mann in Rom. Er wurde zum Diktator auf Lebenszeit ernannt und regierte wie ein König. Aber seine Tage waren gezählt. An den *Iden* des März (15. März) 44 v. Chr. wurde er während einer Senatssitzung durch zahlreiche Dolchstiche ermordet.

1. Caesars Leben, eine »unendliche Geschichte«: Erstelle dennoch eine Kurzbiographie.
2. Im Text findest du ein weiteres kursiv gedrucktes Zitat. Erkläre seine Bedeutung. Ziehe gegebenenfalls das Internet zu Rate.
3. Wenn jemand sprichwörtlich »den Rubicon überschreitet«, was wirft man ihm dann vor?

Briefe aus Gallien

Postquam equitēs Vercingetorīgis ā Caesare in fugam datī sunt, dux Arvernōrum cōpiās in Alesiam oppidum redūxit. Oppidum, quod praesidiīs firmīs tenēbātur, ā Rōmānīs obsessum et expūgnātum est. Māgnus numerus Gallōrum captus et interfectus est.

T. Aurēlius Scaurus D. Aurēliō Scaurō salūtem dīcit

Ō victōriam māgnam et praeclāram! Tandem oppidum Arvernōrum ā nostrīs captum est! Cum Gāiō meō tribūnus mīlitum[1] obsidiōnī interfuī; cum Gāiō meō pūgnāvī et vīcī.

Bellum Alesiae valdē difficile[2] erat. Alesia in monte sita ā nōbīs capī nōn potuerat. Itaque Gāius oppidum obsīdī iusserat. Māgnīs labōribus mūnītiōnēs factae turrēsque exstrūctae sunt. Dēnique Arvernī et aliī Gallī, quī cum Vercingetorīge duce in urbe erant, fame sitīque victī sunt, Vercingetorīx ipse nōbīs dēditus est. Gāius autem mīlitēs suōs laudāvit – etiam egō laudātus et honōribus affectus sum. Beātus sum! Rōmānī beātī sunt!

Sī valēs, bene est, egō quidem valeō.

1 **tribūnus mīlitum,** tribūnī mīlitum *m.:* Militärtribun *(röm. Offizier)*

2 **difficile** *Nom. Sg. n.:* schwierig

Aus dem Brief eines Legionssoldaten

Quamquam oppidum Arvernōrum captum erat, quamquam Vercingetorīx, dux eōrum, victus erat, quamquam quīdam dē mīlitibus nostrīs vulneribus paene confectī erant,

Caesar bellum malum fīnīre neque voluit[1] neque vult[2].
Gāius Iūlius Caesar,
quī nunc ā quibusdam in caelum tollitur,
quasi deus quīdam,
quid tandem fēcit?
Nōnne nōs, mīlitēs gregāriī[3],
labōribus fessī, sarcinīs[4] onerātī,
per montēs campōsque pedibus ībāmus?
Nōnne vērum est
ā nōbīs, nōn ā Caesare mūnītiōnēs factās
turrēsque exstrūctās esse?
Nōnne vērum est
proelia ā Caesare quidem iussa
ā nōbīs commissa esse,
nōs cum hostibus comminus[5] pūgnāvisse?

Ō, quot commīlitōnēs[6] vulnerārīque
caedīque vidēbam!
Herī etiam T. Aurēlius Scaurus tribūnus mīlitum,
dum ā prōcōnsule[7] iussus
loca vīcīna explōrat,
subitō ā hostibus oppressus et interfectus est.
Ō, iste Caesar, quī nōs bellum gerere cōgit,
quantō mihi est odiō!

1 **voluit:** er wollte
2 **vult:** er will
3 **gregārius,** a, um: einfach
4 **sarcina,** ae *f.*: Gepäck
5 **comminus** *Adv.*: im Nahkampf
6 **commīlitō,** ōnis *m.*: Kamerad
7 **prōcōnsul,** is *m.*: Prokonsul

Vor dem Übersetzen

1. Kläre die Situation, in der die Briefe der beiden Soldaten geschrieben wurden. Lies dazu den Einleitungstext.
   Die Handlung wird hier sehr verdichtet wiedergegeben. Versuche, anhand der Subjekte und Prädikate herauszufinden, worum es in jedem einzelnen Satz geht.
2. Gliedere die beiden Briefe. Suche jeweils nach den zentralen Wörtern und finde heraus, worum es in den einzelnen Abschnitten geht.

Nach dem Übersetzen

3. Welche Stimmungen vermitteln die beiden Briefe?
4. Wie beurteilt Scaurus im ersten Brief den Krieg in Gallien?
5. Wie urteilt der Legionssoldat über den Krieg in Gallien und Caesar? Zitiere die wichtigsten Wendungen lateinisch.
6. Suche Gründe für die verschiedenen Urteile.

Vokabeln

1. Stelle alle lateinischen Wörter und Wendungen zusammen, die zum Sachfeld »Krieg« gehören und sortiere sie in einer Mind Map.

Wortformen

2. Ergänze die passende Form von *quidam* und übersetze.
   ●dam tempus – mons ●dam – verbum philosophi ●dam – ●dam homines dicunt – rex ●dam – ●dam consilium – ●dam reverentia – ●dam magistrum – ●dam tempore

   philosophus, i *m.:* Philosoph

3. Bilde die Stammformen folgender Verben.
   Beispiel: laudare: laudo, laudavi, laudatum
   tacere, audire, appropinquare, amare, explorare, servare, vulnerare, debere

4. Finde zu jeder Aktiv-Form im linken Kasten die entsprechende Passiv-Form.

Aktiv	Passiv
dilexit – dilexerat – perdidit – perdiderat – depulisti – depuleras – permisistis – permiseratis – iusserunt – iusserant – posuit – posuerat – condidit – condiderat – vidi – vidisse	dilecta erat – depulsa eras – permissae eratis – iussae sunt – posita erat – condita est – posita est – condita erat – visa sum – iussae erant – visam esse – dilecta est – perdita est – perdita erat – depulsa es – permissae estis

5. Suche aus dem Wortsalat alle Formen heraus, die Ablative sein können.

duce – oratio – servato – permitto – me – aegre – hostibus
bella – proelio – facto – terreo – verbis
corpora – interfectis – auditis – laboris – caesis – lucis

Syntax

6. Viele verschiedene Möglichkeiten.
   Übersetze die *participia coniuncta* wörtlich, mit einem Gliedsatz, mit einem Hauptsatz und mit einer präpositionalen Verbindung.
   a) Camilla metu vexata se sine auxilio Lucii res suas servare posse non putabat.
   b) Patria a peditibus servata milites suos non bene accepit.

c) Marcus ab Aulo missus pecuniam mutuam datam ab Lucio postulavit.
d) Pater Camillae pecuniam Lucio non dilecto salutis filiae causa dedit.

vexare, o: quälen – **mutua data:** geliehen

7. Umstände und Gefühle: Bilde sinnvolle Sätze und übersetze.

Fame sitique coactus	Orpheus dominum umbrarum adire studet.
Ira commotus	agricola bovem vendit.
Dolo decepti	Titus senator vilicum vituperat.
Amore incensus	Dido se necat.
Clamore territi	Troiani equum in urbem traxerunt.
Dolore victa	vicini dormire non possunt.

8. Übersetze und achte auf Genus Verbi und Zeitverhältnis.
Titus narrat ...
a) Caesarem Alesiam expugnari iussisse.
b) Alesiam in monte sitam a militibus Romanis obsessam esse.
c) munitionem magnis laboribus factam esse.
d) Arvernos et Vercingetorigem saepe ex oppido venisse, cum nostris pugnavisse, sed semper victos esse.
e) Romanos denique Alesiam expugnavisse.
f) Arvernos fame sitique victos Vercingetorigem ipsum Romanis dedidisse.

Sprachreflexion

9. Ein Sachverhalt kann unterschiedlich ausgedrückt werden. Übersetze und beschreibe jeweils die Konstruktion.
a) Oppidum a Romanis multos dies obsessum expugnatum est.
Oppidum a Romanis expugnatum est, postquam multos dies obsessum est.
Oppidum multos dies a Romanis obsidebatur. Denique expugnatum est.

b) Lucius bovem vendere in animo habuit, quod Aulum timebat.
Lucius timore Auli commotus bovem vendere in animo habuit.
Lucius bovem vendere in animo habuit; nam Aulum timebat.

Porträts

Wie hat Caesar eigentlich ausgesehen?

Heute ist es leicht, sich ein (äußeres) Bild von bekannten Persönlichkeiten zu machen: Du siehst sie im Fernsehen, entdeckst ihre Fotos in Zeitschriften und im Internet. Doch in der Antike gab es keine Fotografie. Porträts kannten die Menschen der Antike nur in Form von Gemälden und Skulpturen. Über die Jahrhunderte sind fast alle Gemälde zerstört worden; übrig blieben Porträts in Stein und Metall.

Betrachtet man antike Skulpturen, die in ihrer Entstehungszeit als Porträts, d.h. als Darstellung bestimmter Individuen angesehen wurden, fällt auf, dass unsere Maßstäbe für Porträts hier nicht gelten.

- »Ähnlichkeit« mit der realen Person war lange Zeit kein erwünschtes Merkmal von Porträts.
- Es gibt Porträts, die von Künstlern geschaffen wurden, die den betreffenden Menschen nie gesehen hatten, z.B. weil er schon lange tot war.

Bei der Beschäftigung mit Porträts erfahren wir viel darüber, wie sich Menschen in verschiedenen Epochen selbst sahen und wie sie von anderen gesehen wurden. Die Merkmale eines Menschen, die an seinem Porträt besonders hervorgehoben werden, verraten einiges über die Wertvorstellungen, Schönheitsideale und Moden seiner Zeit.

In der späten römischen Republik (2.–1. Jahrhundert v. Chr.) wurden viele Persönlichkeiten im Porträt mit ausgeprägten Alterszügen dargestellt. Alter stand damals für Weisheit und Erfahrung; diese Werte wurden im öffentlichen Leben Roms hochgeschätzt. So ist beispielsweise das Gesicht eines alten Mannes aus der späten Republik von tiefen Falten zerfurcht; es wirkt alt, ausgemergelt und eingefallen.

1. Beschreibe das Porträt Caesars und deute es vor dem Hintergrund der Mode der Zeit.
2. Du möchtest noch mehr über Archäologie erfahren? Besuche ein virtuelles Antikenmuseum: www.viamus.de/.

Beutekunst

Reichtümer anderer wecken mitunter Begehrlichkeiten. Schlimm genug, wenn sich Diebe an fremdem Eigentum vergreifen; noch schlimmer aber, wenn dies auch noch im Namen des Gesetzes geschieht. Mit dieser Tatsache sah sich *Cicero* im Jahre 70 v. Chr. konfrontiert. Die Einwohner der Provinz Sicilia waren an ihn herangetreten, damit er sie bei einer Anklage gegen *Gaius Verres* unterstützte, der sich als Statthalter zwischen 73 und 71 v. Chr. schamlos an den Kunstgegenständen der Insel vergriffen hatte. Die Anklagepunkte reichten von korrupter Rechtssprechung, ungerechten Abgabenerhöhungen über die Erpressung von Kunstgegenständen bis hin zur Tötung römischer Bürger ohne rechtmäßiges Gerichtsverfahren.

Cicero war im Jahre 75 als Quästor selbst Provinzverwalter Siziliens gewesen. Er hatte die Schönheit und den kulturellen Reichtum der Insel kennen und schätzen gelernt und auch gefördert, wo er nur konnte.

Das war damals keineswegs selbstverständlich. Die meisten römischen Beamten gingen in die Provinzen, um sich finanziell zu sanieren. Denn die Wahlkämpfe in Rom verschlangen Unsummen. Den Provinzen blieb in der Regel nichts anderes übrig, als tatenlos zuzusehen. Kam es zu einer Anklage gegen einen römischen Beamten, so hatten sie meistens das Nachsehen. Eine Krähe hackt ja bekanntermaßen der anderen kein Auge aus …

Auch Verres fürchtete die Anklage durch Cicero nicht. Er hatte einflussreiche Freunde und wurde von Hortensius, dem damals besten Redner Roms, verteidigt. Aber dann kam alles anders. Die Beweislast gegen Verres war so erdrückend, dass er sich durch Flucht einer Verurteilung entzog und mit einer Strafzahlung von 3 Millionen Sesterzen davonkam. Zwar war dies nur ein Tropfen auf den heißen Stein; dennoch hatten Ciceros genaue Recherchen, seine begnadete Redekunst und nicht zuletzt seine persönliche Integrität den Sizilianern zu ihrem Recht verholfen.

Erstelle eine Kurzbiographie Ciceros und informiere dich genauer über die Hintergründe des Verres-Prozesses.

Cicero greift Verres scharf an

Veniō nunc ad istīus,
ut ipse appellat, »studium[1]«,
ut amīcī eius, »morbum et īnsāniam[2]«,
ut Siculī, »latrōcinium[3]«:

Negō in Siciliā tōtā
ūllum argenteum[4] vās[5],
ūllam gemmam[6] aut margarītam[7],
sīgnum ūllum aēneum[8], marmoreum[9], eburneum[10],
negō ūllam pictūram[11] fuisse,
quam Verrēs nōn abstulerit[12].

Aliquis dīcet[13]:
Tot praetōrēs[14], tot cōnsulēs in Siciliā fuērunt,
tot cupidī, tot improbī, tot avārī –
quod aliquō locō auferre potuērunt, sustulērunt.
Quid?
At Verrēs nunc ē templīs aufert,
quod nēmō auferre ausus est[15].

1 **studium,** ī *n.*: *hier:* Liebhaberei, Leidenschaft
2 **īnsānia**, ae *f.*: Wahnsinn
3 **latrōcinium**, ī *n.*: Räuberei

4 **argenteus**, a, um: silbern
5 **vās**, vāsis *n.*: Gefäß
6 **gemma**, ae *f.*: Edelstein
7 **margarīta**, ae *f.*: Perle
8 **aēneus**, a, um: aus Bronze
9 **marmoreus**, a, um: aus Marmor
10 **eburneus**, a, um: aus Elfenbein
11 **pictūra**, ae *f.*: Gemälde
12 **quam … abstulerit**: das er … weggenommen hätte
13 **dīcet**: er wird sagen
14 **praetor**, ōris *m.*: Prätor *(Beamter)*
15 **ausus est**: er hat gewagt

Der Herakles-Tempel in Agrigent, Sizilien.

Agrigentī[16] nōnne sīgnum Apollinis pulcherrimum
ex Aesculāpī fānō sustulistī?
Eō scelere commissō,
eō furtō[17] nefāriō factō
Agrigentīnī[18] ad aedēs sacrās noctū vigiliās agēbant[19].

16 **Agrigentum**, ī *n.*: Agrigent *(Stadt an der Südküste Siziliens)*
17 **fūrtum**, ī *n.*: Diebstahl
18 **Agrigentīnī**, ōrum *m. Pl.*: Einwohner von Agrigent
19 **vigiliās agere**, agō: Wache halten

Herculis templum est apud Agrigentīnōs nōn longē ā forō.
Ibī est ex aere simulācrum ipsīus Herculis.
Istō auctōre,
duce Timarchide[20]
noctū servōrum armātōrum fit[21]
concursus atque impetus.
Clāmōre sublātō,
cūstōdibus repulsīs fāma tōtā urbe percrēbruit[22]
expūgnārī deōs patriōs[23].

20 **Timarchidēs**, is *m.*: *Gehilfe des Verres*
21 **fit**: es geschieht, entsteht
22 **percrēbrēscere**, crebrēscō, crēbruī: sich verbreiten
23 **patrius**, a, um: väterlich

Nēmō Agrigentī[16] erat,
quī illā nocte eō nūntiō excitātus nōn surrēxerit[24].
Cūnctī Agrigentīnī[18] tēla, quae fors[25] offerēbat,
rapiunt, ad fānum ferunt.
Concursū factō
dant sē in fugam mīlitēs istīus praeclārī imperātōris.

24 **surrēxerit**: er hätte sich erhoben
25 **fors**: Zufall

Siculī, etsī rēs nōn bene sē habet,
semper aliquid facētē[26] dīcunt;
in hāc rē aliquis āiēbat:
In labōrēs Herculis nōn minus istum verrem[27]
quam illum aprum Erymanthium[28] referrī oportet.

26 **facētē** *Adv.*: witzig
27 **verrēs**, is *m.*: männliches Schwein, Eber
28 **aper Erymanthius**, aprī Erymanthiī *m.*: Erymanthischer Eber; *als vierte seiner Arbeiten musste Herkules einen großen, gefährlichen Eber im Erymanthos, einem Gebirge in Arkadien, erlegen*

Vor dem Übersetzen

1. Suche Wörter zum Thema Diebstahl und Raub heraus. Benutze dazu auch das Vokabelverzeichnis.

Nach dem Übersetzen

2. Wie verhielten sich Statthalter bei der Verwaltung der Provinzen in der Regel? Zitiere die Begriffe aus dem Lektionstext, die hierüber Auskunft geben. Weshalb beurteilt Cicero die Vergehen des Verres als besonders verwerflich?
3. Wie beschreibt Cicero die Einstellung und das Verhalten der Bewohner von Agrigent?
4. In dieser Rede werden ganz besonders viele stilistische Mittel verwendet. Stelle sie zusammen und beschreibe, welche Wirkung sie erzielen.

Vokabeln

1. Kunstraub in großem Stil wird Verres vorgeworfen. Sammle alle Ausdrücke zu den Sachfeldern »Kunst« und »Raub«. Ordne sie nach Wortarten.

Wortformen

2. Stelle die Formen von *portare* bzw. *ferre* zu Pärchen zusammen und bestimme sie.

porta! – portaveramus – portatae estis – portabamur – portas – portaverunt – portatus – portabam – portatis – portaris – portari – portat – portabant – portate! – portatae eratis	ferebant – ferte! – fertis – tuleramus – ferebamur – latae estis – latus – ferebam – ferris – fert –fer! – latae eratis – fers – ferri – tulerunt

3. a) Bestimme folgende Formen:
   aliquam rem, aliquorum virorum, aliquo tempore, alicuius rei, aliqui viri

   b) Ergänze jeweils die passende Form von *aliqui*.
   ___ morbus, ___ templa, ___ scelus, ___ impetu, ___ simulacri, ___ famae, ___ proelii, ___ honorem

4. Suche aus dem Wortsalat alle Formen heraus, die Ablative sein können.

custodis, fama, scelere, dicis, turris, datis, finium, confecto, bello, regio, relictus, obsidio, crudelitate, commisso

Syntax

5. Vergleiche jeweils die beiden Sätze und übersetze sie.
   a) Postquam equites in fugam dati sunt, dux Arvernorum copias in Alesiam oppidum reduxit.
   Equitibus in fugam datis dux Arvernorum copias in Alesiam oppidum reduxit.

   b) Quamquam oppidum Arvernorum captum erat, quamquam Vercingetorix victus erat, quamquam quidam de militibus nostris vulneribus paene confecti erant, Caesar bellum non finivit.
   Oppido Arvernorum capto, Vercingetorige victo, quibusdam de militibus Romanis vulneribus paene confectis Caesar bellum non finivit.

6. Viele Sachverhalte in den früheren Lektionstexten könnte man als *ablativus absolutus* formulieren. Übersetze.
   a) Troia decem annos oppugnata Ulixes dolum invenit.
   b) Equo in urbem tracto Sinon signum dedit.
   c) Aeneas multis periculis superatis orae Italiae appropinquavit.
   d) Carthagine relicta Aeneas in Italia patriam novam invenit.
   e) Remo necato Romulus urbem condidit.
   f) Bello finito patria milites non bene accepit.

7. Übersetze folgende *ablativi absoluti* jeweils durch drei verschiedene Gliedsätze – eingeleitet durch eine temporale, eine kausale und eine konzessive Konjunktion. Ergänze jedes Mal auf Deutsch einen Satzzusammenhang, in dem die unterschiedlichen Übersetzungen einen Sinn ergeben.

   Beispiel: signis pulcherrimis sublatis
   - Nachdem die schönsten Standbilder weggeschafft worden waren, (kehrte Verres nach Rom zurück).
   - Weil die schönsten Standbilder weggeschafft worden waren, (hatten die Sizilianer kein Vertrauen mehr zu den Römern).
   - Obwohl die schönsten Standbilder weggeschafft worden waren, (resignierten die Sizilianer trotzdem nicht).

   a) scelere commisso …; b) dolo invento … ; c) militibus in fugam datis …;
   d) hoc permisso …; e) nuntiis missis …; f) oppido incenso

Übersetzung

8. Suche die *ablativi absoluti* aus dem Lektionstext heraus und übersetze sie auf möglichst viele verschiedene Arten: als Gliedsatz, Hauptsatz, präpositionale Wendung. Unterstreiche die jeweils beste Übersetzung.

9. Je kürzer kunstvolle Sätze sind, z. B. Sinnsprüche oder Motti, desto schwerer sind sie angemessen zu übersetzen. Versuche dich an folgenden:
   Motto eines Adligen: Ferrum fero, ferro feror.
   Appell des Philosophen Seneca: Ferte fortiter!
   Grundsatz eines Historikers: Relata refero.

   fortiter *Adv.*: tapfer

Konstruktionen mit Partizip

Partizip, pc, ablativus absolutus – was ist was und wie erkenne ich es?

✓ Fallbeispiel 1: Aeneas reverentia deorum **commotus** est.
✓ Ich entdecke ein Partizip, das PPP *commotus.*
✓ Es steht im Nominativ.
✓ Ich entdecke eine Form von *esse, est.*
✓ Ein PPP im Nominativ mit einer Form von *esse* – ich weiß: Das ist ein **Prädikat im Perfekt Passiv.**

Fallbeispiel 2: Aeneas terram novam a deis **promissam** quaerere debebat.
✓ Ich entdecke ein Partizip, das PPP *promissam.*
✓ Es steht im Akkusativ Singular und ist feminin.
✓ Ich entdecke *terram novam,* das in KNG-Kongruenz zum Partizip passt.
✓ Ich weiß: So sieht ein **participium coniunctum** aus.

Fallbeispiel 3: Troia **expugnata** Aeneas patrem filium servavit.
✓ Ich entdecke ein Partizip: das PPP *expugnata.*
✓ Ich entdecke: *Troia* und *expugnata* als Wortblock in KNG-Kongruenz.
✓ *Troia expugnata* könnte Ablativ sein.
✓ Wenn ich vom Prädikat her nach den Satzgliedern frage, merke ich, dass der Wortblock *Troia expugnata* übrig bleibt. Ich weiß: Das deutet auf **ablativus absolutus.**

Veto!

Ist der Bundesrat mit einer Gesetzesvorlage der Bundesregierung nicht einverstanden, kann er sein *Veto* einlegen. Das Gesetz muss dann neu beraten werden.

Veto kommt von *vetare* und heißt »ich verbiete«. Das Vetorecht reicht bis in die Anfänge der römischen Republik. Es umfasste zunächst nur das *ius intercessionis,* das Einspruchsrecht eines ranghöheren Beamten gegenüber einem rangniedrigeren. Politisch bedeutsam wurde es mit der Einrichtung des Volkstribunats. Während der Ständekämpfe zwischen den adligen Patriziern und den nichtadligen Plebejern im 5. Jh. v. Chr. setzte die plebeische Seite durch, dass von ihnen gewählte Beamte, die Volkstribunen, ihr Veto gegen Senatsbeschlüsse einlegen konnten, die den Interessen des Volkes zuwiderliefen. Die Volkstribunen waren sakrosankt und somit politisch unantastbar. Daher besaßen die Senatsbeamten (auch die Konsuln) ihnen gegenüber nicht das *ius intercessionis.* Dies stand nur den Volkstribunen untereinander zu.

Gewählt wurden die Volkstribunen durch die *concilia plebis,* die plebeische Volksversammlung. Wie für alle politischen Beamten galten für sie das Gesetz der Annuität (Amtszeit von einem Jahr) und das Verbot der Wiederwahl. Es ist daher tragisch, dass ausgerechnet der Volkstribun, der sich wie kein anderer für die Belange der verarmten Bevölkerung eingesetzt hatte, nämlich Tiberius Gracchus, in seiner Amtszeit gleich zwei Verfassungsbrüche beging. Erst ließ er einen Amtskollegen, der ihm gegenüber von seinem *ius intercessionis* Gebrauch machen wollte, mithilfe des *concilium plebis* aus dem Amt hieven und dann stellte er sich auch noch 133 v. Chr. zur Wiederwahl. Nun, das Ende ist bekannt …

1. *Veto – Intercessio – Concilium plebis*: Erläutere diese Begriffe aus dem Kontext.
2. Berühmt ist das Gleichnis vom Magen und den Körperteilen, mit dem Menenius Agrippa die Plebejer wieder »ins politische Boot« holte. Was hat es mit diesem Gleichnis auf sich?

Tiberius Gracchus spricht

Multīs cīvibus convocātīs
Tiberius Gracchus hanc ōrātiōnem habuit:

Quirītēs!
Nūper per Italiam iter fēcī:
Ibī multa praedia[1] dēserta,
nōnnūllōs agrōs incultōs[2] esse vīdī.
Sed vīdī etiam lātifundia[3] flōrentissima[4],
in quibus numerus ingēns servōrum labōrābat …

Quam diū servī aliēnī agrōs vestrōs colent?
Quam diū sēdēs vestrae ā dominīs aliēnīs habitābuntur?
Bēstiae, quae in Italiā sunt,
sēdēs latebrāsque[5] suās habent,
sed vōs, quī prō patriā proelia ācria committēbātis,
praediīs[1] vestrīs expulsī
cum uxōribus līberīsque per Italiam errātis.
Vōs tandem Rōmae auxilium quaerēbātis.
Sed senātor vel patricius
semper rēs suās cūrat, cūrābat, cūrābit.
Vōs enim
senātōribus patriciīsque cūrae nōn estis,
nōn erātis, nōn eritis.

Quam diū istam vītam difficilem et indīgnam ferētis?
Quam diū fame vexābiminī?
Quam diū uxōrēs līberīque vestrī
rēbus necessāriīs carēbunt?
Num eōs semper miserōs futūrōs esse vultis[6]?

Mihi crēdite: Is, cui omnia sunt, semper plūs cupiet.
Avāritia[7] dīvitum vōs vexāre numquam dēsinet.
Itaque lēge agrāriā[8] novā nōbīs opus est.
Hāc lēge iī, quī mīlitēs patriam suam dēfenderint[9],
praemia sua obtinēbunt[10]:
agrōs, quibus alentur,
sēdēs, quās cum uxōribus atque līberīs
sēcūrī[11] habitābunt.

1 **praedium,** ī *n.*: Landgut
2 **incultus,** a, um: unbebaut, brachliegend
3 **lātifundium,** ī *n.*: großes Landgut
4 **flōrentissimus,** a, um: überaus blühend
5 **latebrae,** ārum *f.*: Schlupfwinkel
6 **vultis:** ihr wollt
7 **avāritia,** ae *f.*: Habgier
8 **agrārius,** a, um: Acker-
9 **dēfenderint:** sie haben verteidigt
10 **obtinēre,** obtineō: erhalten, bekommen
11 **sēcūrus,** a, um: sorglos, sicher

Itaque vōs ōrō atque obsecrō:
Tribūnum plēbis creāte mē,
Tiberium Semprōnium Gracchum!
Egō tribūnus vōbīs et rēbus vestrīs cōnsulam.
Agrōs vōbīs reddam. Brevī tempore domum redībitis.
Uxōrēs atque līberī sēcūrī[11] vīvere poterunt.
Fēlīcēs eritis.
Reddam vōbīs lībertātem, honōrem, dīgnitātem.
Haec dēnique vīta erit dīgna virō Rōmānō.

Vor dem Übersetzen

1. Um welche Textgattung könnte es sich handeln?
2. Betrachte Abschnitt für Abschnitt die Prädikate und die Schlüsselwörter: Worum geht es jeweils? Gib den einzelnen Abschnitten Überschriften.

Nach dem Übersetzen

3. An welcher Stelle wird klar, dass es sich um eine Wahlkampfrede handelt? Wie baut Tiberius seine Rede also auf?
4. Zitiere lateinisch die Formulierungen, mit denen Tiberius das gegenwärtige Leben der meisten Römer beschreibt.
5. Nenne die Stilmittel, die Tiberius in seiner Rede verwendet, und beschreibe ihre Wirkung auf den Zuhörer. Was will er damit erreichen?

Zusatzaufgabe: Trage den Text laut vor. Überzeuge durch Mimik, Gestik und sinnvolle Betonung.

Forum Romanum mit Blick auf den Kapitolshügel.

Vokabeln

1. Bilde aus den Silben neun Adjektive und bestimme, zu welcher Deklination sie gehören.

cher – a – tus – ple – maes – pul – nus – fe –in
nus – gens – di – vis – ves – cer – lix – bre – dig

Wortformen

2. Ordne den Substantiven aus der linken Spalte passende Adjektive aus der rechten Spalte zu.

belli – patrem – res – itinera – telum – bellum – patribus – rerum – itineri – itinere – tela – patre	ingens – felici – difficili – ingentis – felicibus – felicem – omnium – difficili – omnes – difficilia – acre – acria

3. Ein-, zwei- oder dreiendig? Ergänze die passenden Endungen.
   a) laborem difficil●; vita difficil●; proelium difficil●
   b) servos omn●; bestias omn●; templa omn●
   c) Scaurus feli●; tempora feli●; victoria feli●
   d) dolorum acr●; sitis acr●; arma acr●

4. Suche aus dem Wortsalat alle Futurformen heraus.

tenebo – tuli – tenebamus – creabuntur – ferent – committunt – fuerunt – reducam – vocabitis – capiemus – erunt – mittent – ceperunt

5. Ordne den Verben der linken Spalte jeweils ein Verb aus der rechten Spalte zu, das in Person, Numerus, Genus Verbi und Tempus identisch ist.

desero – expuli – capiam – careo – tenui – obsecrabo – excitabuntur – relatum est – cogitur – perdentur – missum est – invitari – interesse – liberaturum esse – poni – habitare – victurum esse	tuli – fertur – scribuntur – salutare – salutatum est – salutari – saluto – scripturum esse – salutabuntur – scribo – scribi – scripsi – feram – laturum esse – latum est – salutabo – ferre

6. Wie sieht meine Zukunft aus? Bilde passende Futurformen und übersetze.
Divesne (esse)? Libertasne, domus pulchra, liberi mihi (esse)? Vitamne duram (ferre)? Resne necessarias semper (habere)? Autocinetumne (possidere)?

autocinetum, i *n.:* Auto

7. Vervollständige die Reihe der Infinitive und übersetze.
Beispiel: Scito me te semper amavisse, amare, amaturum esse.
a) Scito Gaium semper ●, vincere, ●.
b) Scito me Gaio semper adfuisse, ●, ●.
c) Scito Gaium semper virum vere Romanum ●, esse, ●.
d) Scito nos milites amicos in bello vulnerari et caedi semper ●, ●, visuros esse.

scito: du sollst wissen – **vere:** wirklich

8. Ein Wort passt aus grammatischen Gründen nicht in die Reihe. Suche das »schwarze Schaf« und begründe deine Antwort.
a) terrebunt – colam – facient – vivunt
b) ero – eritis – eram – erimus
c) habitare – effugere – relinqui – credere
d) factus – dicturus – perditus – servatus

Syntax

9. Übersetze folgende Sätze und achte besonders auf das Zeitverhältnis im aci.
Tiberius dixit ...
a) ... populum Romanum bellis magnas regiones obtinuisse.
b) ... antiquis temporibus eas regiones ad agriculturam idoneas inter cives Romanos distributas esse.
c) ... nunc omnes agros publicos patriciis esse.
d) ... populo Romano nova lege agraria opus esse.
e) ... omnes cives curis liberos futuros esse.

obtinere, tineo, tinui, tentum: erhalten – **agricultura,** ae *f.:* Landwirtschaft – **distribuere,** distribuo, distribui, distributum: verteilen – **agrarius,** a, um: Acker-

10. Übersetze und achte dabei besonders auf die Partizipien.
Oratione habita Tiberius Gracchus tribunus plebis creatus est. Lege agraria se agros publicos distributurum esse promisit. Sed collega pecunia corruptus legem vetuit. Quo expulso lex tamen facta est. Tiberius anno proximo iterum tribunus plebis creatus et – quod morem maiorum neglexerat – necatus est.

agrarius, a, um: Acker- – **distribuere,** distribuo, distribui, distributum: verteilen – **collega,** ae *m.:* Amtskollege – **corrumpere,** rumpo, rupi, ruptum: bestechen – **vetare,** veto, vetui + *Akk.:* Veto einlegen gegen – **proximus,** a, um: nächster – **mos,** moris *m.:* *hier:* ungeschriebenes Gesetz

Stilmittel

»Das hat Stil«, sagt man, wenn etwas gelungen ist. Gelungenes wünschten sich natürlich auch die Römer, und zwar ganz besonders in der Rhetorik, ihrer Redekunst. Welche Mittel gab es nun, einen Text (welcher Art auch immer) ganz besonders eindrucksvoll, überzeugend und einprägsam zu machen? Auf dieser Seite lernst du einige kennen.

Trikolon Reddam vobis libertatem, honorem, dignitatem.	Dreierblock Ich werde euch Freiheit, Ehre und Würde zurückgeben!
Alliteration Veni, vidi, vici.	Identische Anfangsbuchstaben Ich kam, sah, siegte.
Rhetorische Frage Num semper miseri esse vultis?	Frage, deren Antwort man bereits weiß Wollt ihr denn für immer elend sein?
Litotes Non ignoramus senatores semper res suas curare.	Doppelte Verneinung Wir wissen ganz genau, dass …
Anapher Quam diu istam vitam feretis? Quam diu fame vexabimini?	Wiederholung am Anfang eines Satzes oder einer Wortgruppe Wie lange noch …?! Wie lange noch …?!
Antithese Agricolis, non servis caremus!	Gegensatz Uns mangelt es an Bauern, nicht an Sklaven!
Ironie Tiberius: »Senatores vere vobis bene consulunt!«	Das Eine sagen, aber das Andere meinen Tiberius: »Die Senatoren kümmern sich wirklich gut um euch!«
Klimax bene, melius, optime!	Steigerung gut, besser, am besten!

Überlege: In welchen Lebensbereichen kommen im Deutschen besonders viele Stilmittel vor? Nenne Beispiele und beschreibe ihre Wirkung.

O die Frauen!

Historische Darstellungen vermitteln mitunter den Eindruck, Frauen hätten in der Geschichte keine Rolle gespielt. Das gilt auch für die römische Antike.

Ein Blick hinter die Kulissen zeigt jedoch ein ganz anderes Bild. Zwar waren die Entfaltungsmöglichkeiten römischer Frauen sehr eingeschränkt – die meisten standen unter *tutela*, unter männlicher Vormundschaft – doch wer einmal eine typische Italienerin erlebt hat, kann sich kaum vorstellen, dass die Römerinnen ihre Erfüllung nur in der stillen Häuslichkeit suchten. In Pompeji beispielsweise betätigten sie sich als Wahlhelferinnen oder übten öffentliche Funktionen aus wie Eumachia, die Chefin der Tuchhändlergilde. Andere waren als Handwerkerinnen, Händlerinnen, Priesterinnen, Ärztinnen, Künstlerinnen oder Prostituierte tätig. Wir wissen sogar von einer Rednerin mit Namen *Hortensia,* die 42 v. Chr. ein Frauen benachteiligendes Gesetz zu Fall brachte. Wurde es den Frauen zu bunt, gingen sie sogar auf die Straße, wie im Falle des älteren *Cato* (195 v. Chr.), der für die Beibehaltung eines Gesetzes plädierte, das den Frauen das Tragen von Schmuck und teurer Kleidung verbot. Angesichts der geballten Frauenpower, die ihm daraufhin entgegenschlug, sah er sich zu der Bemerkung veranlasst, dass die Frauen, wenn man erst anfinge, ihnen Freiheiten zu gewähren, bald alle politische Macht an sich reißen würden.

Davon allerdings blieben die römischen Frauen noch meilenweit entfernt, selbst Agrippina, glühend ehrgeizige Frau des Kaisers Claudius und Mutter Neros. Obwohl ihr sogar der Ehrentitel *Augusta* – Kaiserin – verliehen wurde, konnte auch sie nur über ihren Sohn politischen Einfluss nehmen und musste später tatenlos zusehen, wie er selbst sie immer mehr entmachtete. Am Ende ließ er sie sogar ermorden, weil eine andere Frau, Sabina Poppaea, es so wollte.

Projektarbeit: »Agrippina – Nero, eine komplizierte Beziehung.« Informiere dich anhand von Nachschlagewerken, dem Internet und anderer Medien. Beziehe in deine Arbeit auch Neros spätere Frau Sabina Poppaea mit ein.

Sabina Poppaea

Villa Oplontis. Diese Villa bei Pompeji ließ Kaiser Nero für Sabina Poppaea bauen.

Est in cīvitāte Sabīna Poppaea,
cui cūncta alia sunt praeter honestum animum;
sermō cōmis[1] nec absurdum[2] ingenium.
Modestiam praefert[3],
ut in prīvātō vitiīs sē facilius dēdere possit.

Semper parte ōris vēlātā[4] in pūblicum exit,
nē cōgnōscātur.

Quamquam Rufriō Crīspīnō equitī nūpta est,
Othō[5] eam illicit[6] fōrmā iuventūteque.
Nec mora, quīn[7] Poppaea Othōnī nūbat.

Apud prīncipem amīcōsque eius
ille fōrmam ēlegantiamque[8] uxōris laudat,
ut fēlīcitātem[9] suam mōnstret
et omnibus admīrātiōnī sit.
Optat etiam, ut invidia Nerōnis[10] accendātur.
Paulō post Poppaea rē vērā cum marītō

1 **cōmis**, e: freundlich charmant
2 **absurdus**, a, um: unbegabt, unfähig
3 **praeferre**, ferō: (nach außen hin) zeigen

4 **vēlāre,** vēlō: verhüllen

5 **Othō**, ōnis *m.*: *Nachfolger Neros auf dem Kaiserthron (69 n. Chr.)*
6 **illicere**, liciō: verführen
7 **nec mora, quīn** + *Konj.*: und es dauert nicht lange, bis

8 **ēlegantia**, ae *f.*: Eleganz, feines Benehmen
9 **fēlīcitās**, ātis *f.*: Glück

10 **Nerō**, ōnis *m.*: *röm. Kaiser (reg. 54-68 n. Chr.)*

in domum auream[11] invītātur.
Sē fōrmā Nerōnis captam esse simulat labōratque,
ut eum blandīmentīs[12] atque aliīs artibus illiciat[6].

11 **aureus**, a, um: golden

12 **blandīmentum**, ī *n.*: Schmeichelei

Mox prīnceps ācrī amōre accēnsus
»Utinam« clāmat »tū tantā cupiditāte mē amēs,
quantā ā mē amāris!
Nē umquam mē relinquās!«
Poppaea autem sē sine Othōne vīvere posse negat.
Cum[13] Nerō eam obsecrāre nōn dēsinat,
illa »Optō« inquit »ut domum redeam.
Timeō enim, nē Othōnem aut laedam aut offendam.
Othō autem per genus vītae animumque
mihi admīrātiōnī est,
sed tū, Nerō, paelice ancillā Actē dēvinctus[14],
vītam sordidam agis.«

13 **cum** + *Konj.*: als, weil

14 **paelice ancillā Actē dēvinctus**: durch das Verhältnis mit deiner Geliebten Acte, einer Sklavin, gefesselt

Īrā incēnsus
prīnceps Othōnem prōvinciae Lūsitāniae[15] praeficit.
Quō modō prohibet,
nē aemulus in urbe sit.
Actē ē domō expulsā
Poppaeam in mātrimōnium dūcit.

15 **Lūsitānia**, ae *f.*: Lusitanien; *röm. Provinz im Südwesten der Pyrenäenhalbinsel*

Vor dem Übersetzen

1. Lies den ganzen Text und benenne das zentrale Sachfeld.
2. Finde einen Untertitel für die Geschichte von Sabina Poppaea.

Nach dem Übersetzen

3. Zitiere lateinisch die Eigenschaften, die der Autor Sabina Poppaea zuschreibt. Charakterisiere diese Persönlichkeit.
4. Was wird über die Personen und ihre Beziehung zueinander ausgesagt? Zitiere lateinisch.

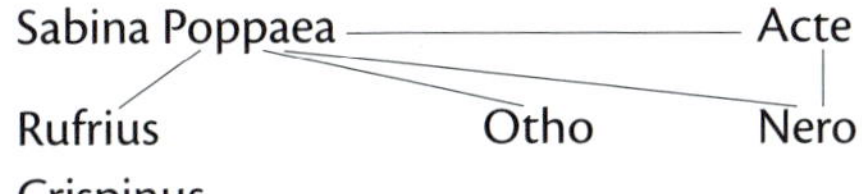

5. Welche Entwicklung der Beziehungen ist im Verlauf des Textes festzustellen?

Vokabeln

1. In der Buchstabenschlange verbergen sich viele »kleine« Wörter. Finde sie und prüfe deine Vokabelkenntnis.

oblatantuspaterpraetervvvcomgmovtveltibtdquotigiturtotcurritdivquasiabs
uessautumquampublficumoxavaranaliquandopotepaenentiaequamquamat

Wortformen

2. a) Sortiere nach Indikativ und Konjunktiv.
   sunt, fert, possit, cognoscatur, laudat, audiat, videat, accendatur, invitamini, cupiat, ames, amaris, relinquimur, maneam, possunt, prohibet, sis, opto

   b) Verwandle die Indikativformen in den Konjunktiv und umgekehrt.

3. Ein Wort passt aus grammatischen Gründen nicht in die Reihe. Suche das »schwarze Schaf« und begründe deine Antwort.
   a) sim – sitim – agant – timeas
   b) manus – corpus – templum – arma
   c) decepi – feci – duci – offendi
   d) vivat – ducet – adveniat – auferat

Syntax

4. Wunschsätze.
   a) Übersetze folgende Wunschsätze:
   Utinam tu, Otho, numquam me relinquas!
   Utinam Sabinae Poppaeae animus honestus sit!
   Utinam ne Sabina Poppaea apud Neronem maneat!
   Utinam ne Otho apud principem formam Sabinae Poppaeae laudet!

   b) Verwandle die Aussagesätze in Wunschsätze und übersetze sie.
   Beispiel: Tu, Nero, vitam sordidam agis. (Utinam ne)
   → Utinam ne tu, Nero, vitam sordidam agas!

   Sabina Poppaea raro in publicum exit. (Utinam)
   Sabina Poppaea in publico cognoscitur. (Utinam ne)

   raro *Adv.*: selten

5. Wozu tue ich das, was ich tue? Übersetze die kurzen Finalsätze.
   a) laboro, ut vivam – vivo, ut laborem – laboro, ut dives sim – laboro, ut laborem
   b) ceno, ut vivam – vivo, ut cenem

c) clamo, ut audiar – clamo, ut clamem
d) ad magistrum eo, ut multa discam – ad magistrum eo, ut cum amicis ludam – ad magistrum eo, ne nihil agam

6. Die Menschen, die unter Neros Schreckensherrschaft leben mussten, trauten ihm alles zu. Viele Ängste plagten sie Tag und Nacht. Übersetze.
   a) Timeo, ut Nero me ad cenam invitet.
   b) Timeo, ne Nero me ad cenam invitet.
   c) Timeo, ne Neroni placeam.
   d) Timeo, ne avaritia Neronis mihi omnia auferat.
   e) Timeo, ne verbis meis Neronem offendam.
   f) Timeo, ne Neroni odio sim.
   g) Timeo, ne a Nerone doloribus maximis vexer et necer.

avaritia, ae *f.: Substantiv zu* avarus – **vexare,** vexo: quälen

7. Übersetze folgende Regeln und Redewendungen:
   a) Audiatur et altera pars!
   b) Videant consules, ne quid res publica detrimenti capiat!
   c) Ne plus promittas, quam praestari possit!

ne quid ... detrimenti capiat: dass ... keinen Schaden nehme – **praestare,** sto: leisten

8. Übersetze den Text und achte dabei besonders auf die Partizipien.
   Nero amore Sabinae Poppaeae accensus sine ea vivere non iam potest. Sed matri Neronis non placet filium Sabinam Poppaeam in matrimonium ducere. Matre interfecta Nero liber est. Octavia, quae eo tempore uxor Neronis est, magno in periculo est. Quam Roma expulsam in exilio necari iubet. Octavia interfecta Nero vere liber est et Sabinam Poppaeam in matrimonium ducit.

exilium, i *n.:* Exil – **vere** *Adv.:* wirklich

Sprachreflexion

9. Du hast den Konjunktiv Präsens in Hauptsätzen und in Gliedsätzen kennengelernt. Wann musst du den Konjunktiv bei der Übersetzung berücksichtigen, wann nicht?

Übersetzung

10. Übersetze in gutes Deutsch:
    a) orare et obsecrare – metus et timor – amare et diligere – fama et invidia – ducere et trahere
    b) non parvus – non ignorare – non nescire

Die Vielfalt der Verbformen

Noch mehr Formen! Du kennst schon verschiedene Zeiten – Präsens, Imperfekt, Perfekt, Plusquamperfekt und Futur, und zwar im Aktiv und im Passiv.

Jetzt hast du eine andere Aussageform, einen anderen Modus, den Konjunktiv, kennengelernt.

So viele verschiedene Möglichkeiten – wie weiß ich noch, was was ist?
Lass dir Zeit, die Form genau anzusehen, und überprüfe:

1. Besteht die Form aus zwei Teilen (Partizip + esse)?
   Wenn ja: Dann ist es Perfekt oder Plusquamperfekt Passiv.
2. Ist die Form vom Präsens- oder vom Perfektstamm gebildet? Achte auch auf mögliche Perfektendungen!
3. Hat die Form ein Tempuskennzeichen? Welches?
4. Hat die Form ein Moduskennzeichen für den Konjunktiv?
5. Hat die Form Aktiv- oder Passivendungen?

Versuche es selbst.

timebatur
ducamus
dixerunt
optabit
timui
nupta erat
accensi sunt
optabam
timetur
dicat

Zufall oder Notwendigkeit?

Liest auch du hin und wieder Horoskope und freust dich insgeheim, wenn die Prognose positiv ausfällt? Wenn ja, befindest du dich in bester Gesellschaft, denn du teilst diese Gewohnheit mit Millionen anderer Menschen.

Das Wissen um die eigene Begrenztheit und die Erfahrung des Ausgeliefertseins an das, was man Schicksal nennt, macht Menschen hilflos. Der griechische Philosoph *Kleanthes* (gest. 232 v. Chr.) sah darin eine der Ursachen für die Entstehung von Religion. Als Stoiker war er überzeugt, dass jedem Menschen ein individuelles Schicksal auferlegt ist, das nur Gott kennt.

Der Stoiker *Seneca* lehrte, dass man entscheiden müsse, ob man sich gegen dieses Schicksal auflehnt oder ob man es als von Gott gegeben annimmt und versucht, ein sittlich gutes Leben zu führen. Da sich das Schicksal für jeden jederzeit wenden kann, dürfe man sich freilich niemals über andere erheben. Demzufolge seien alle Menschen, auch Sklaven, menschenwürdig zu behandeln.

Das wahre Wesen des Menschen sieht Seneca in der Vernunft. Sie befähige zur Erkenntnis Gottes und erlaube so, das Leben von einer höheren Warte zu betrachten. Wer diese Erkenntnis erlangt habe, sei wirklich frei, ob frei geboren oder Sklave. Einen solchen Menschen nennt Seneca weise. Denn er sei imstande, gleichmütig alle Höhen und Tiefen des Schicksals einschließlich des Todes zu ertragen.

Wenn äußere Umstände ein sittlich gutes Leben nicht mehr zulassen, rät die Stoa zum Freitod. Seneca tötete sich 65 n. Chr. selbst. Die zynische (!) Aufforderung dazu erging allerdings durch Nero und hatte politische Gründe. Seneca hatte als sein Lehrer Kritik an dessen Amtsführung geübt.

1. Erläutere die Überschrift im Sinne des Textes.
2. Informiere dich über die Hintergründe von Senecas »Freitod«.
3. Nicht alle teilten die Auffassung der Stoa, so auch die philosophische Schule der *Epikureer*. Versuche anhand von Nachschlagewerken, mehr über sie zu erfahren.

Seneca

Äußerungen Senecas über den Tod

Nēmō tam imperītus[1] est, ut nōn sibi cōnscius sit
sē aliquandō mortem obitūrum esse.
Tamen cum ad mortem accessit, timet, gemit.
Nōnne tibi vidētur[2] stultissimus omnium,
quī flēvit, quod ante annōs mīlle nōn vīxerat?
Aequē[3] stultus est, quī flet,
quod post annōs mīlle nōn vīvet.
Haec paria sunt: Nōn eris neque fuistī.

Nēmō tam puer est,
ut Cerberum[4] timeat et Orcī[5] tenebrās.
Mors nōs aut cōnsūmit[6] aut līberat.
Līberātīs meliōra restant onere corporis dētractō[7],
cōnsūmptīs[6] nihil restat,
bona pariter malaque summōta[8] sunt.

Cum advēnit hōra illa inēvītābilis[9],
videant hominēs,
ut aequō animō abeant.

Cūrēmus, nōn ut diū vīvāmus, sed ut satis.
Longa est vīta, sī plēna est.
Obsecrō tē, Lūcīlī: Hoc agāmus,
ut vīta nostra nōn multum pateat[10],
sed multum pendeat[11].

1 **imperītus**, a, um: unerfahren
2 **vidētur**: er, sie, es scheint
3 **aequē** *Adv.*: in gleicher Weise
4 **Cerberus**, ī *m.*: *dreiköpfiger Höllenhund, der den Eingang in die Unterwelt bewacht*
5 **Orcus**, ī *m.*: Unterwelt
6 **cōnsūmere**, sūmō, sūmpsī, sūmptum: *hier*: vernichten
7 **dētrahere**, trahō, trāxī, tractum: wegnehmen
8 **summovēre**, moveō, mōvī, mōtum: entfernen
9 **inēvītābilis**, e: unvermeidlich
10 **multum patēre**: viel Raum einnehmen, lange dauern
11 **pendēre,** pendeō: wiegen, Gewicht haben

Vor dem Übersetzen

1. Was stellst du dir unter einer *vita plena* vor?
2. Inwiefern ist es gerechtfertigt, vor dem »Tot sein« Angst zu haben?
3. Z. 1–8: In welchen Sätzen spricht Seneca von der Zukunft, in welchen von der Vergangenheit?

Nach dem Übersetzen

4. Trage zusammen, was Seneca über die Einstellung der Menschen zum Tod sagt und welche Einstellung er seinerseits empfiehlt.

Senecas Ende

Nerō[1] Senecam contrā sē coniūrāvisse[2] putābat. Itaque philosophus capitis damnātus est. Nūntiō allātō cum Paulīnā uxōre diū dēlīberat: »Quid faciam? Tēcum ex urbe fugiam? Tēcum Rōmae maneam? Quid faciāmus, Paulīna mea?« Dēnique »praestat« inquit »mortem sibi cōnscīscere[3] quam ā satellitibus[4] Nerōnis necārī.«

Postquam amīcōs convocātōs dē cōnsiliō suō certiōres fēcit, illī tam maestī sunt, ut lacrimās nōn retineant. Seneca autem: »Nē dēspērēmus! Praeceptōrum sapientiae memorēs simus! Nōnne philosophia nōs mortem malum nōn esse docuit?«

Tum vēnās ferrō exsolvit[5]. Sed corpus Senecae senectūte tam tenuātum[6] est, ut lenta effugia sanguinī praebeat[7]. Nē venēnum[8] quidem haustum[9] efficit, ut mortem obeat. Postrēmō sē in balneum[10] ferrī iubet et vapōre eius exanimātur[11].

1 **Nerō**, ōnis *m.*: *röm. Kaiser, reg. 54–68 n. Chr.*
2 **coniūrāre,** coniūrō: sich verschwören
3 **mortem sibi cōnscīscere**: sich umbringen
4 **satelles**, itis *m.*: Helfershelfer
5 **vēnās ferrō exsolvere**: *hier*: sich die Pulsadern aufschneiden
6 **tenuātus,** a, um: geschwächt
7 **lenta effugia sanguinī praebēre**: das Blut zu langsam abfließen lassen
8 **venēnum,** ī *n.*: Gift
9 **haurīre**, hauriō, hausī, haustum: trinken
10 **balneum**, ī *n.*: Bad
11 **vapōre exanimārī**: im Dampf ersticken

Vor dem Übersetzen

1. Senecas Ende: Verschaffe dir einen ersten Überblick über den Handlungsablauf. Die am Rand angegebenen Vokabeln können dir dabei helfen.

Nach dem Übersetzen

2. Informiere dich über den Tod des Sokrates und vergleiche ihn mit Senecas Tod.

Vokabeln

1. Erstelle eine Mind Map zum Wortpaar »Leben und Tod«. Beziehe möglichst viele lateinische Vokabeln mit ein.

2. Gib an, von welchen Wörtern die folgenden Substantive abgeleitet sind und was sie bedeuten. Beispiele:

avaritia ← avarus	geizig → Geiz

amicitia – conscientia – duritia – laetitia – neglegentia – pigritia

Wortformen

3. Sortiere nach Indikativ und Konjunktiv.
   a) fero, eam, intersumus, invenitur, narrant, laederis, numerentur, offertur, opprimunt, oramus, paretis, potes, possidetis, ponat, fleatis, iubeo
   b) abimus, adsunt, ambulemus, apportantur, celebretur, adit, commoveris, effugimus, sitis, colligantur, desinamus, dormis, expugnatur, ponit

Syntax

4. Ordne die konjunktivischen Hauptsätze, die in den Texten vorkommen, nach folgendem Schema:

deliberativer Konj.	adhortativer Konj.	iussiver Konj.

5. Übersetze folgende kurze Sätze in angemessenes Deutsch:
   Quid faciamus? – Hoc faciamus! – Eat! – Vivamus! – Ne desperemus! – Veniant! – Cur id feramus? – Eamus! – Valeat! – Deliberemus! – Ne timeamus! – Hominum vita plena, non longa sit! – Amicos adiuvemus! – Maneant!

6. Latein für alle Lebenslagen: Übersetze folgende lateinische Sprüche in angemessenes Deutsch.
   a) Gaudeamus igitur, iuvenes dum sumus!
   b) Do, ut des.
   c) Mulier taceat in ecclesia!
   d) Vivat, crescat, floreat!
   e) Ergo bibamus!

iuvenis, is: jung – **ecclesia,** ae *f.*: Kirche – **crescere,** cresco: wachsen – **florere,** floreo: blühen – **ergo** *Adv.*: also – **bibere,** bibo: trinken

Übersetzung

7. Übersetze.
Cum advenit hora mortis, Socrates amicis dixit:
»Cygni, cum sentiunt mortem appropinquare, pulcherrima voce cantant. Gaudent enim se ad illum deum redituros esse, cui semper serviebant. Homines autem non intellegunt et putant cygnos ex tristitia cantare. Sed aves numquam cantant, cum fame aut dolore premuntur. Itaque credo eos tam pulcherrime cantare, quod iam ante oculos habent vitam beatam post mortem futuram.«

cygnus, i *m.*: Schwan – **cum** + *Ind.*: *hier:* wenn – **servire** + *Dat.*: dienen – **intellegere**, intellego: verstehen – **tristitia**, ae *f.*: Traurigkeit – **avis**, is, *f.*: Vogel – **premere**, premo, pressi, pressum: drücken, drängen – **pulcherrime**: *Adv.* von pulcherrimus

a) Begründe anhand der Erzählsituation, warum Sokrates seinen Freunden diese Geschichte erzählt.
b) Erläutere, was Sokrates über den Tod aussagt.

8. Übersetze und beschreibe Senecas Einstellung zum Alter und zum Tod.
Modo tibi dicebam me esse in conspectu senectutis: Sed sentio me senectutem iam reliquisse. Aliud vocabulum convenit huic corpori, quod senectus nomen fessae, non fractae aetatis est: Ego iam finem vitae tango.
Gratias tamen ago: Non sentio in animo aetatis iniuriam, cum sentiam in corpore. Viget animus et gaudet non multum sibi esse cum corpore; magnam partem oneris sui posuit. Exsultat et mihi facit controversiam de senectute: Hunc ait esse florem suum.
Epicurus nos docet: »Egregia res est mortem discere.« Qui hoc didicit, liber est. Nam una est catena, quae nos tenet, amor vitae.

modo: vor kurzem – **conspectus,** us *m.*: Anblick – **vocabulum,** i *n.*: Wort, Vokabel – **convenire** + *Dat.*: passen zu – **frangere,** fregi, fractus: brechen – **aetas,** atis *f.*: (Lebens-)Alter – **gratias agere:** Dank sagen – **iniuria,** ae *f.*: Unrecht, Ungerechtigkeit – **cum** + *Konj.*: *hier:* obwohl – **vigere,** eo: stark sein, frisch sein; blühen – **exsultare:** jubeln – **flos,** floris *m.*: Blume, Blüte – **egregius,** a, um: hervorragend – **didicit:** *Perfekt von* discere – **catena,** ae *f.*: Kette

Sprachreflexion

9. Wunsch, Ziel oder Folge? Bestimme den semantischen Gehalt folgender deutscher Sätze:
Ich will, dass alle mich hören. Ich sprach so laut, dass alle mich hörten. Ich gebe mir Mühe, damit alle mich hören. Ich hoffe, dass ihr gesund nach Hause kommt. Er beugte sich vor, um besser sehen zu können.

10. Wie drückst du Wünsche, Überlegungen und Aufforderungen in anderen Sprachen aus? Übersetze ins Englische.
a) Eamus! b) Quid faciamus? c) Utinam felix sit!

Werte und Normen

Du hast bereits den gottesfürchtigen Aeneas (*pius Aeneas*) kennengelernt, Romulus, den »Unternehmer«, und Caesar, den genialen Heerführer, dazu Tiberius Gracchus und Cicero, *viri vere Romani*, und schließlich nun den Philosophen Seneca.

Mit ihnen hast du Charaktereigenschaften und Verhaltensmuster kennengelernt, die bei den Römern hoch im Kurs standen. Sie galten als *virtutes*.

Virtus ist ein Wort, das nahezu unübersetzbar ist. Es ist ein abstraktes Substantiv, in dem »vir« steckt, der Mann, also »Mann-heit«, »Männlichkeit«? Wenn, dann »Männlichkeit« in einem positiven, erwartungsvollen Sinn: »So, wie ein Mann sein soll.«

Und da kommt es dann darauf an: Beim Krieger ist die *virtus* vielleicht Tapferkeit, beim Staatsmann Einsicht, beim Redner Klugheit und Wortgewandtheit. Welche *virtus* auch immer – sie waren hoch angesehen, die *virtutes* – und etwas davon steckte in jedem echten Römer.

Übrigens: Wenn manche *virtus* mit »Tugend« übersetzen, dann trifft das zwar den Wortsinn (denn »Tugend« kommt aus dem Althochdeutschen und bedeutet »Gut sein«), löst aber in der Regel einseitige Vorstellungen aus. Oder denkst du bei »Tugend« nicht an ein Ritterfräulein, das artig in der Kammer sitzt und auf den Helden wartet?

Diskutiere mit Klassenkameraden und überlege: Was würdest du heute als *virtutes* bezeichnen, was nicht?

Summum ius summa iniuria?

Während eines Krieges war ein Waffenstillstand von dreißig Tagen vereinbart worden. Der Feldherr der offensichtlich überlegenen Armee ließ jedoch nachts die Felder seiner Gegner verwüsten. Seine Begründung: Der Waffenstillstand sei nur für *Tage*, nicht aber für *Nächte* geschlossen worden. Die Aussage ist eindeutig: Der Stärkere missbraucht seine Macht und verdreht das Recht zu seinen Gunsten.

Diese kleine, aber aufschlussreiche Anekdote findet sich in Ciceros dreibändigem Werk *de officiis* (Über die Pflichten). Darin geht es um Grundfragen der Ethik. Der Begriff Ethik kommt von dem griechischen Wort ἦθος und lässt sich am besten mit »Charakter, Sitte, Lebenseinstellung« übersetzen. Die Ethik ist ein Teilbereich der Philosophie. Cicero nennt sie *philosophia moralis*. Sie basiert auf den vier Kardinaltugenden Gerechtigkeit, Tapferkeit, Weisheit und Mäßigung.

In der Ethik geht es um den Menschen. Der Mensch erlebt sich zunächst als Einzelwesen. Er ist aber auch Teil einer Gemeinschaft. Damit diese Gemeinschaft nicht im Chaos versinkt, bedarf es ethischer Normen und Werte. Sie bilden die verlässliche Grundlage für einen gerechten Staat.

Ethik hat eine wichtige politische Dimension. Cicero hat daher wenig Verständnis für jene, deren Philosophie nur um sich selber kreist. Sie entziehen sich ihrer politischen Verantwortung. Denn nirgends ist die Gefahr des Moralverlustes größer als in der Politik.

Cicero selbst wird nicht müde, die politisch Verantwortlichen an ihre ethischen Pflichten zu erinnern. Das Wohl der Bürger haben sie ihren eigenen Interessen vorzuziehen. Sie haben sich um alle Mitglieder des Staates ohne Ansehen der Person gleichermaßen zu kümmern. Die Gleichheit aller vor dem Gesetz ist nicht in erster Linie ein juristisches, sondern ein moralisches Gebot.

1. *Summum ius summa iniuria* – Was meint dieses Sprichwort? Antworte mithilfe des Textes.
2. Das Sprichwort ist hier als Frage formuliert. Diskutiert in der Klasse.
3. Informiere dich über die Hintergründe von Ciceros Ermordung.

Soll man sich politisch betätigen?

Titō, cum in viīs ambulāret, Sextus senātor obviam iit.
Amīcō vīsō tantō gaudiō commōtus est,
ut cōnsisteret et eum manū retinēret.

Titus: Salvē, Sexte, quō properās?
Nōnne sōlem lūcēre[1] vidēs? Hortōs adeāmus!
Sextus: Salvē, Tite. Utinam nē mē retineās!
Cum hodiē in senātū dē māgnīs rēbus disputētur,
ōtium mihi nōn est.
Titus: Quārē semper labōrāre dēbēs?
Rēs pūblica animum exagitat[2] et sollicitat.
Tranquillitās animī semper in perīculō est.
Praestat igitur aut ambulāre aut domī manēre,
cum amīcīs cēnāre, bonum vīnum bibere,
dē philosophiā disputāre.
Sextus: Ō Tite, tū homō vērē Epicūrēus[3] es!
Cum mē in senātum īre dēbēre sciās,
mē prohibēre studēs, nē officia mea impleam.
Tū vērō nihil in animō habēs nisī voluptātem.
Scīsne, quid Cicerō in illō librō,
quī »dē rē pūblicā« īnscrībitur,
hīs ferē verbīs dīxerit[4]?

Patria enim nōs nōn genuit,
ut tantum nostrīs commodīs servīret,
ut ōtiō nostrō tranquillum ad quiētem locum
suppeditāret[5].
Sed hāc lēge nōs ēdūcāvit,
ut plūrimās ac maximās nostrī animī ingeniīque partēs
ad ūtilitātem[6] suam darēmus,
ut cīvibus nostrīs omnibus in rēbus adessēmus.

Titus: Potin, Sexte, ut dēsinās[7].
Nōnne etiam audīvistī
saepe hominēs nūllā rē bonā dīgnōs
ad rem pūblicam accēdere?
Praetereā: Nōnne vērum est

1 **lūcēre,** lūceō: scheinen

2 **exagitāre,** agitō: aufregen, quälen

3 **Epicūrēus,** ī *m.*: Epikureer, *Anhänger der Philosophie Epikurs*

4 **quid … dīxerit:** was … er/sie/es gesagt hat

5 **suppeditāre,** suppeditō: zur Verfügung stellen

6 **ūtilitās,** ātis *f.*: Nutzen

7 **Potin … ut dēsinās:** Hör doch auf zu reden!

vōs senātōrēs multitūdine incitātā
etiam contumēliās[8] subīre plāgāsque[9] accipere?

Rēs cum ita sint,
sapientis nōn est ad rem pūblicam accēdere.

Sextus: Ē contrāriō, Tite cārissime!
Sapientī nūlla causa fuit melior
ad rem pūblicam adeundī[10],
quam cīvēs nē improbīs pārērent,
nē rēs pūblica ab illīs lacerārētur[11] …

8 **contumēlia,** ae *f.*: Beleidigung
9 **plāga,** ae *f.*: Schlag

10 **ad rem pūblicam adeundī:** sich politisch (zu) betätigen

11 **lacerāre,** lacerō: zerfleischen

Vor dem Übersetzen

1. Sammle Schlüsselwörter für zwei unterschiedliche Lebenshaltungen:
   a) politisch aktiv und verantwortungsbewusst,
   b) darauf bedacht, das Leben zu genießen.

Nach dem Übersetzen

2. Fasse zusammen: Was ist dem Stoiker Sextus am Leben wichtig, was dem Epikureer Titus? Beziehe den Info-Text in deine Überlegungen ein.

Zusatzaufgabe: Wie verbringen deine Mitschüler ihre Freizeit? Wie groß ist der Anteil derer, die Freizeit für ehrenamtliches Engagement einsetzen? Wie sind ihre Argumente? – Macht eine Umfrage und/oder inszeniert eine Diskussion in der Klasse.

Säulengang.

Philosophengarten.

Vokabeln

1. Stelle aus dem Lektionstext ein Sachfeld zum Thema »Politik« zusammen.

2. a) Nenne die Wortbedeutung.
civis – civitas; cupidus – cupiditas; dignus – dignitas

   b) Von welchen Wörtern kannst du folgende Substantive ableiten und was bedeuten sie?
antiquitas, brevitas, difficultas, novitas, felicitas

Wortformen

3. Sortiere in eine Tabelle mit drei Spalten: Infinitiv, Konjunktiv Präsens, Konjunktiv Imperfekt.
implere, sim, disputetur, impleretur, esse, gaudeas, gauderes, sciret, gaudere, daremus, pareant, sciat, scire, disputaretur, essem, parere, demus, interficere, parerent, impleatur, dare

4. Suche alle Konjunktivformen heraus: Die Anfangsbuchstaben ergeben – hintereinander geschrieben – einen nicht gerade feinen Graffitispruch aus Pompeji.

   _ _ _ u _ _ u _   _ _ _   _ _ _ _ _
scribit – scribat – scribet – vocat – vocabit – vocabat – custoditus est – essem – video – eo – cenem – laudor – potero – invenit – narretur – habuistis – dem – advolat – ait – saluta – serviremur – incitatur – habitet – implerentur – restat – ridebimus – cantaret – cantaremini – certo – accipias – cecidi – celebrares – oportuit – praeficitis – custodietis – addat – mittimur – mittemur – mittebamur – ignorabimus – obsecratur – traherentur

5. Verwandle nacheinander.
   a) inveniret → Präsens Indikativ → Futur → Plural → Perfekt → Plusquamperfekt → 2. Person → Imperfekt → Singular → 3. Person → Konjunktiv
   b) essemus → Singular → Präsens → Indikativ → Perfekt → 3. Person → Futur → Plural → Plusquamperfekt → Imperfekt → Konjunktiv → 1. Person

Syntax

6. Ordne die Kennzeichen, Pflichten und Aufgaben in der rechten Spalte passenden Personen der linken Spalte zu und übersetze.

Sexti senatoris est	pueros educare.
Magistri est	officia implere.
Epicurei est	saluti populi Romani consulere.
Senatorum est	cum amicis cenare et bonum vinum bibere.
Sapientis est	mortem non timere.

7. Suche die konjunktivischen Haupt- und Gliedsätze aus dem Lektionstext heraus und ordne sie in eine Tabelle nach folgendem Muster ein.

Konjunktivische Hauptsätze			Konjunktivische Gliedsätze		
Verb im Konjunktiv (Zeile ...)	eingeleitet mit	semantische Funktion des Konjunktivs	Verb im Konjunktiv (Zeile ...)	Gliedsatz eingeleitet mit	semantische Funktion des Gliedsatzes

8. Übersetze folgende Satzgefüge:

a)	Seneca, cum ipse mortem obire deberet, praeceptorum philosophiae memor erat.	Seneca, cum ipse mortem obire debeat, praeceptorum philosophiae memor est.
b)	Seneca timuit, ne amici de morte sua desperarent.	Seneca timet, ne amici de morte sua desperent.
c)	Seneca, cum videret amicos maestos esse, eos vituperavit.	Seneca, cum videat amicos maestos esse, eos vituperat.

Mache dir noch einmal bewusst: Wann steht Konjunktiv Präsens, wann Konjunktiv Imperfekt? Was ändert sich in der Übersetzung?

Sprachreflexion

9. Übersetze. Beschreibe, wie der gleiche Sachverhalt jeweils ausgedrückt wird. Bestimme die semantische Funktion, die der Gliedsatz bzw. das pc hat.
   a) Hodie in senatu de magnis rebus disputatur, cum res publica in periculo sit. – Hodie in senatu de magnis rebus disputatur; nam res publica in periculo est.
   b) Multitudine a nonnullis incitata senatores contumelias sordidas subeunt. – Postquam multitudo a nonnullis incitata est, senatores contumelias sordidas subeunt.
   c) Quamquam me in senatum ire debere scis, me prohibere studes, ne officia mea impleam. – Me in senatum ire debere scis. Tamen me prohibere studes, ne officia mea impleam.
   d) Tranquillitatis animi causa cum amicis cenemus, bonum vinum bibamus, de philosophia disputemus. – Cum amicis cenemus, bonum vinum bibamus, de philosophia disputemus, ut tranquillitas animi nobis semper sit.

contumelia, ae *f.*: Beleidigung

Konnektoren

Texte werden durch vielfältige sprachliche Elemente zusammengehalten und strukturiert: Sach- und Wortfelder, die wiederholte Nennung von Personen und Orten lassen inhaltliche Zusammenhänge deutlich werden. Über den Aufbau und die Struktur eines Textes geben dir Satzzeichen einen ersten Anhaltspunkt.

Um die logische Struktur eines Textes noch genauer zu erfassen, lohnt es sich, die Konnektoren zu betrachten.

Konnektoren = kleine Wörter, die Sätze oder Satzteile verbinden

Funktionen: z.B. Begründung, Gegengrund, Gegensatz, Verstärkung, Betonung, zeitliche Abfolge, logische Folge, Wiederaufnahme, Folgerung, gedankliche Fortführung

Schon seit langer Zeit beschäftigen sich die Menschen mit der Frage, **was** ein glückliches Leben ausmacht. **Darauf** geben die Philosophenschulen unterschiedliche Antworten:

Die Stoa sieht den Weg zum Glück darin, gemäß der Natur zu leben. **Und da** die Stoa den Menschen als vernunftbegabtes Wesen betrachtet, heißt gemäß der Natur zu leben, sich von der Vernunft leiten zu lassen. Der stoische Weise lässt sich **also nicht** von seinen Affekten leiten, **sondern** von der Vernunft.

Die Epikureer **dagegen** sehen in Furcht und Schmerz den Grund für menschliches Unglück. **Daher** ist für sie die Lösung ein Zustand ohne Angst und Schmerz. **Diesen** Zustand nennt Epikur »Lust«. **Weil** dieser Begriff leicht missverstanden werden kann, hat er zu viel Kritik an der epikureischen Lehre geführt.

Anhand der Konnektoren lässt sich die grobe Struktur des Textes erkennen:
- **Schon seit langer Zeit** …: Zeitangabe: Es wird wahrscheinlich um etwas gehen, was schon lange so ist.
- **Darauf** …: Wiederaufnahme: Nimmt die indirekte Frage aus dem vorigen Satz auf.
- **Und da** …: Fortsetzung: Führt den angefangenen Argumentationsgang fort.
- **also** …: Folgerung: Jetzt schließt sich die Zusammenfassung des Gesagten an.
- **nicht … sondern**: drückt einen Gegensatz aus.

Analysiere den Rest des Textes anhand der Konnektoren.

Viel Lärm um nichts?

Reden (halten) kann man lernen. Das behaupteten jedenfalls die Griechen und Römer. Es gibt also Methoden – die Griechen sprechen von einer Technik = ῥητορικὴ τέχνη (*rhetorikä technä*) –, wie man eine Rede aufbauen und vortragen sollte.

Unser Begriff Rhetorik hat hier seinen Ursprung. Das Studium der Rhetorik gehörte damals zur Allgemeinbildung und hatte einen ähnlichen Stellenwert wie bei uns die gymnasiale Oberstufe. Man übte vor allem das Deklamieren der freien politischen und juristischen Rede. Das heute weit verbreitete Ablesen von Reden war in der Antike verpönt. Zudem verfasste man seine Reden selbst. Der Einsatz von »Ghostwritern« galt als peinlich.

Die Römer unterschieden bei politischen und juristischen Reden zwischen den *Suasoriae* (Überzeugungsreden) und den *Controversiae* (dialogische Reden). Beides übte man an verzwickten, zuweilen sehr konstruierten Rechtsfällen. Einen lernst du in dieser Lektion kennen. Meist ging es dabei mehr um rhetorische Effekthascherei als um die Sache selbst. Sehr populär waren in der Kaiserzeit Konzertredner. Sie unterhielten ihr Publikum mit ausgefeilten und spitzfindigen Reden über im Grunde nichtige Themen und machten tatsächlich nur »viel Lärm um nichts«.

Aber es gibt auch die andere Seite: Redner, die durch ihr mutiges Eintreten für Recht und Gesetz Maßstäbe setzten, allen voran Cicero, bis heute Inbegriff des integren, couragierten und wortgewandten Redners. Seinen Ruhm begründete er mit der Rede *pro Sexto Roscio Amerino,* bei der er als junger Anwalt in einem scheinbar aussichtslosen Prozess den mächtigsten Männern seiner Zeit die Stirn bot und so einen unschuldig Angeklagten vor dem sicheren Tod bewahrte.

1. Erläutere die Bedeutung der Rhetorik in der Antike.
2. Verfasse wahlweise eine *Suasoria* oder eine *Controversia* zu dem im Lektionstext geschilderten Rechtsfall.
3. Informiere dich genauer über den Rechtsfall *Sextus Roscius Amerinus.*

Tödliche Rasur

Aliquandō tōnsor[1], cum tempestātem bonam esse vīdisset, mōre fabrōrum[2] sellam suam in locō pūblicō posuerat. Vesperī, cum multīs rāsīs aliquōs nummōs accēpisset et domum īre iam in animō habēret, servus quīdam appāruit et sē rādī cupīvit. Tōnsor[1] autem dīxit: »Sērō vēnistī. Sī in tempore vēnissēs, tē rāsissem. Nunc autem domum īre cupiō.« Servus: »Nisī dominus dominaque mē tam diū retinuissent, libenter prius domō exīssem! Sī scīrēs eōsdem māgnās hirūdinēs[3] esse, tū misericodiā commōtus etiam grātuītō mē rāderēs!« Tōnsor[1] rīsit: »Sī nōn tam procāx[4] essēs, certē melius tractārēris.« Tamen servum rādere coepit.

Eōdem tempore nōnnūllī iuvenēs in hunc locum vēnērunt, ut mōre Rōmānōrum pilā lūderent. Cum ibī māgna cōpia hominum esset, summō cum studiō currēbant, clāmābant, pilās iactābant. Subitō pila ad manum tōnsōris[1] volāvit. Gulā[5] praecīsā[6] servus mortem obiit. Iuvenēs dē morte servī accūsātī sunt.

Quamquam iūdicium iūdicum īgnōrāmus, tamen causam cōgnōvimus, quod nōnnūllī iūris cōnsultī[7] dē eā respondērunt. Aliī iuvenēs per iniūriam accūsātōs esse cēnsuērunt, sed tōnsōrem[1] mortis servī tenērī[8] putāvērunt:

Sī tōnsor[1], quī sē in locō perīculōsō labōrāre scīverat, sellam suam ibī nōn posuisset, rēs[9] dēlēta nōn esset. Aliī etiam in servō esse culpam dīxērunt: Nisī in locō pūblicō sē rādī cupīvisset,
mortem nōn obīsset.

1 **tōnsor,** ōris *m.*: Friseur, Barbier
2 **faber,** fabrī *m.*: Handwerker
3 **hirūdō,** dinis *f.*: Blutsauger
4 **procāx,** ācis: frech, unverschämt
5 **gula,** ae *f.*: Kehle
6 **praecīdere,** cīdō, cīdī, cīsum: durchschneiden
7 **iūris cōnsultus,** ī *m.*: Rechtsgelehrter
8 **tenērī alicuius reī:** sich einer Sache schuldig gemacht haben
9 **rēs:** *Sklaven werden im röm. Recht als Sache bezeichnet*

Friseurszene mit Sklaven. Terrakotta aus Tanagra.

Vor dem Übersetzen

1. Gib an, welche Personen im vorliegenden Rechtsfall eine Rolle spielen.
2. Benenne die Konnektoren und ihre Funktion.

Nach dem Übersetzen

3. »Wer ist schuld?« – Nenne die Möglichkeiten, die im Text vorgestellt werden.
4. Formuliere die Anklage des *dominus*. Bedenke dabei, welchen »Wert« Sklaven in der Gesellschaft Roms hatten.
5. Diskutiert den Fall in der Klasse: Wen würdet ihr anklagen und weshalb?

Zusatzaufgabe: Fragt einen Experten: Was sagt die moderne Rechtsprechung zu dem antiken Fall? Welche Grundsätze des römischen Rechts haben bis heute Geltung?

Vokabeln

1. Von welchen Verben kannst du folgende Substantive ableiten und was bedeuten sie?
auditor, amator, cantator, defensor, expugnator, spectator, accusator

Wortformen

2. a) Finde die Pronomina in der Wortschlange.

SEROEIUSSTUDIIPSUMIUREIPSARUMSPEHOCRVEIPSIUSC
UCUEADEMTIBIDEMOTIEODEMMOREMEORUNDEMIHI

b) Übersetze.
hic liber | liber eius | te ea docebo | ad hanc portam | idem cogitare | haec ipsa cogitare | idem verum putare | id tibi dico | hoc ipsum tibi dico | tibi ipse hoc dico | idem tibi dico

3. a) Bilde aus den Verb-Stämmen passende Formen im Konjunktiv Plusquamperfekt. Setze »si« davor und übersetze.

ve, mi, de, pot, tu, di, cens, obi, vola	sset, uissetis, xissem, lissent, uissemus, disses, sisset, nissemus, vissetis

b) Bilde aus den Verb-Stämmen passende Formen im Konjunktiv Imperfekt oder Plusquamperfekt. Setze »si« davor und übersetze.

ve, mi, de, pot, tu, di, cens, obi, vola, mit, da, po, fe, dic	rrem, eres, uissem, res, nirem, sisses, disset, uissemus, visset, teremus, lissetis, xissent, retis, ssent

4. Verwandle nacheinander:
   a) laudamus → Konjunktiv → Imperfekt → Indikativ → Futur → Perfekt
   b) curreret → Präsens → Indikativ → Futur → Plural → Perfekt → Plusquamperfekt → Konjunktiv
   c) dixissent → Indikativ → Perfekt → Präsens → Singular → Futur → Imperfekt → Konjunktiv

Syntax

5. Was würde geschehen, wenn …? Was wäre geschehen, wenn …? Übersetze.
   a) *Helena denkt nach:*
   Si cum Paride Troiam irem, Menelaus ira commotus Troiam veniret, ut me Spartam referret.

   b) *Cicero in seiner Rede gegen Verres:*
   Si e Sicilia, ut tot consules cupidi, tot praetores avari, nihil nisi pecunias magnas sustulisses, te non accusarem. Nisi e templis signa deorum pulcherrima sustulisses, cives Siciliae, viri honesti, a me auxilium non petivissent.

   c) *Ein Bauer nach der Rede des Tiberius Gracchus:*
   Nisi ex agris nostris expulsi essemus, cum uxoribus liberisque non per Italiam erraremus. Si senatoribus patriciisque curae essemus, istam vitam indignam ferre non deberemus. Nisi avaritia divitum nos vexaret, hac lege opus non esset.

praetor, oris *m.*: Prätor – **petere,** peto, petivi: bitten um – **avaritia,** ae *f.*: Habgier

6. Übersetze und achte dabei auf die angemessene Wiedergabe der Konjunktivformen.
   a) Veniat! – Veniamus! – Veniamne? – Venirem, si invitatus essem. – Opto, ut venias. – Optavi, ut venires. – Cum venirem, tu afuisti.
   b) Cur legamus? – Legamus! – Legatur! – Legamus, ut multa discamus. – Si plus legeres, plus disceres. – Tam multa didicerunt, ut omnia scirent.
   c) Num amicos adiuvemus? – Amicos adiuvemus! – Studeamus, ut amicos adiuvemus! – Cum amicos adiuvissemus, isti nos non adiuverunt. – Si amici nos adiuvissent, servati essemus.

didicerunt: *Perfekt zu* discere

Gib jeweils an, ob der Konjunktiv im Haupt- oder im Gliedsatz steht und welche Funktion er hat (z.B. deliberativ, final).

Sprachreflexion

7. Vielseitiges »cum«: Übernimm das Bild in dein Heft und trage die unterschiedlichen Bedeutungen ein.

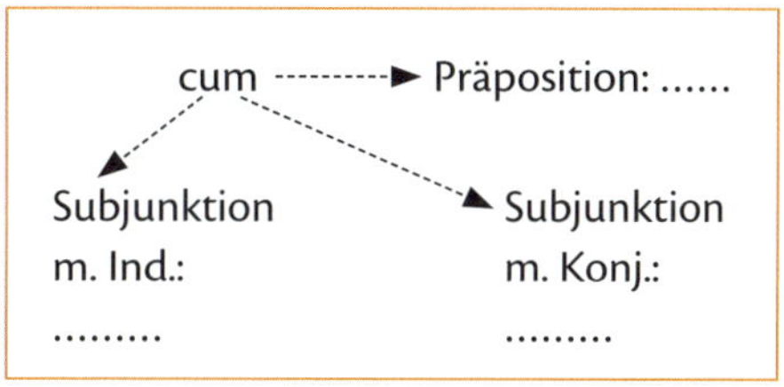

Konjunktiv

Ein Schüler, der sich noch schnell für die nächste Arbeit fit machen wollte, fragte, wie man denn die Konjunktive übersetze. Er hatte drei Formen aufgeschrieben, und dachte, wenn er nur die Übersetzung wüsste, wäre er gut vorbereitet:

dicam → ???   dicerem → ???   dixissem → ???

Aber so einfach ist es leider doch nicht, denn der lateinische Konjunktiv entspricht nicht einfach dem deutschen Konjunktiv.

Wenn du einen Konjunktiv im Satz gefunden hast, lautet die erste Frage immer: Kommt er im Hauptsatz oder im Gliedsatz vor?

1. Steht der Konjunktiv im Hauptsatz, dann muss er entsprechend seiner semantischen Funktion übersetzt werden:

Utinam verum dicas!	Wunsch	Optativ
Quid faciam?	Überlegung / Zweifel	Deliberativ
Ne desperemus!	Aufforderung an die eigene Gruppe (1. Person Plural)	Adhortativ
Homines ne mortem timeant!	Aufforderung an die 3. Person Singular oder Plural	Iussiv

2. Steht der Konjunktiv im Gliedsatz (z.B. eingeleitet mit *ut / cum*), dann muss er nicht als Konjunktiv übersetzt werden. Wichtig ist vor allem das Zeitverhältnis, in dem das Prädikat des Gliedsatzes zum Hauptsatz steht: Geschieht die Handlung im Gliedsatz gleichzeitig zu der im Hauptsatz oder geschah sie vorher?

gleichzeitig:	Konjunktiv Präsens	/ Konjunktiv Imperfekt
vorzeitig:		/ Konjunktiv Plusquamperfekt

3. In »si«-Sätzen drückt der Konjunktiv Imperfekt / Plusquamperfekt etwas Irreales (Unmögliches) aus. Der Irrealis wird auch im Deutschen mit einem Konjunktiv wiedergegeben.

horrida – foeda – umida – ventosa

Schrecklich, scheußlich, nass, windig – der Historiker Tacitus lässt kein gutes Haar an diesem Land. Etwas charmanter drückt es Heinrich Heine aus. Nach ihm ist in diesem Lande selbst der Sommer »nur ein grün angestrichener Winter«.

Die Rede ist von Germanien. Zugegeben, das Wetter kann einem hier in der Tat bisweilen mächtig aufs Gemüt schlagen. Nicht ohne Grund zieht es jährlich tausende von Touristen in den sonnigen Süden, vor allem im Winter, wenn sich die Sonne nur selten blicken lässt.

Tacitus diagnostiziert demzufolge bei den Germanen einige merkwürdige Gewohnheiten: Durchzechen der Nächte, Schlafen bis in die Puppen, einen Hang zum Baden in heißem Wasser und die besondere Vorliebe für jenes vergorene Gesöff – Entschuldigung – Getränk aus Gerste.

Vielleicht wird man in einem solchen Klima ja wirklich so. Doch 200 Jahre später korrigiert ein anderer Römer den schlechten Ruf zumindest von Teilen Germaniens. Er heißt Ausonius und besingt in schillernden Farben die Schönheiten der Mosel, nicht zuletzt wegen ihrer fruchtbaren Weinberge.

Ja, wirklich! In ihrer Verzweiflung über die Getränkelage in Germanien hatten die Römer nämlich Weinstöcke importiert und ihren Wein notgedrungen auf den schieferhaltigen und sonnenbeschienenen Hanglagen der Mosel angebaut. Und nun stellten sie auf einmal fest, dass der Wein hier besonders gut gedeiht. Zu Lebzeiten des Ausonius war der Weinbau an der Mosel fest etabliert. Landhaus reihte sich an Landhaus. Vom scheußlichen Klima Germaniens sprach man in dieser Region schon lange nicht mehr …

Projektarbeit: Wenn wir heute von Germanien sprechen, so ist dieser Begriff nicht nationalstaatlich zu verstehen. Versuche, mehr über Geschichte und Ausdehnung Germaniens in Erfahrung zu bringen. Greife dabei auch auf antikes Quellenmaterial zurück.

Die Einflüsse des Klimas

Vitrūvius sextō librō, quī »dē architectūrā«[1] īnscrībitur, explicat, quōmodo prīvātae domūs aedificentur. Hae autem rēctē dispōnuntur, sī prīmō interrogātum est, in quibus regiōnibus mundī cōnstituerentur. Nam aedificia aliter in Aegyptō[2], aliter in Hispāniā[3], aliter in Pontō[4], nōn eōdem modō Rōmae cōnstruuntur.

Eōdem librō explicat, cūr gentēs septentriōnālēs[5] longē distent ā merīdiānīs[6]. Loca enim, quae ā sōle dēflagrantur[7], ūmōre[8] prīvantur. In regiōnibus frīgidīs autem ūmor[8] ā calōre[9] sōlis nōn exhaurītur, sed ex caelō rōscidus[10] āēr in corpora fundit ūmōrem[8]. Itaque gentēs, quae

1 **architectūra,** ae *f.*: Baukunst, Architektur

2 **Aegyptus,** ī *f.*: Ägypten

3 **Hispānia,** ae *f.*: Spanien

4 **Pontus,** ī *m.*: *Gebiet um das Schwarze Meer*

5 **septentriōnālis,** e: nördlich

6 **merīdiānus,** a, um: südlich

7 **dēflagrāre,** flagrō: verbrennen

8 **ūmor,** ōris *m.*: Feuchtigkeit

9 **calor,** ōris *m.*: Hitze

10 **rōscidus,** a, um: taureich

sub septentriōnibus[11] vīvunt, māgnīs corporibus, candidīs colōribus, dīrēctō[12] capillō et rūfō[13], oculīs caerulīs[14], sanguine multō sunt. Ē contrāriō gentēs, quae cursuī sōlis subiectae sunt, brevibus corporibus, colōre fuscō[15], crispō[16] capillō, oculīs nigrīs, sanguine exiguō sunt. Merīdiānī[6] autem fortēs nōn sunt, quod habent exhaustās ab sōle animōrum virtūtēs. Quī vērō in frīgidīs regiōnibus nātī sunt, māgnīs virtūtibus sunt. Sed tarditāte[17] animī ut sine timōre, ita sine cōnsiliō cum hostibus pūgnant.

11 **septentriōnēs,** um *m. Pl.*: Norden
12 **dīrēctus,** a, um: gerade
13 **rūfus,** a, um: rothaarig
14 **caerulus,** a, um: blau
15 **fuscus,** a, um: dunkel
16 **crispus,** a, um: gekräuselt
17 **tarditās,** ātis *f.*: Langsamkeit, Trägheit

Cupisne scīre, quid Vitrūvius dē cīvibus suīs sentiat? Eōdem librō hic locus invenītur: In Italiā autem, quod inter septentriōnēs[11] et merīdiem sita est, hominēs et māgnā fortitūdine et optimō animō sunt. Ita dīvīna mēns cīvitātem populī Rōmānī in ēgregiā temperātāque regiōne collocāvit, ut dominī orbis terrārum essent.

Vor dem Übersetzen

1. Benenne das für jeden Abschnitt zentrale Sachfeld und formuliere Überschriften.

Nach dem Übersetzen

2. Welche Gesichtspunkte muss ein Architekt beim Hausbau berücksichtigen? Weshalb bezieht Vitruv auch Länder wie Ägypten, Spanien und Pontus in seine Überlegungen mit ein?
3. Welche besonderen klimatischen Bedingungen herrschen in Italien vor? Beschreibe die Auswirkungen auf die dort lebenden Menschen.
4. Diskutiere Vitruvs Erklärung der Unterschiede zwischen verschiedenen Völkern.

Vokabeln

1. Zeichne ein Sachfeld aus dem Lektionstext als Mind Map.
2. Von welchen Wörtern kannst du folgende Substantive ableiten und was bedeuten sie?
   pulchritudo, beatitudo, firmitudo, magnitudo, valetudo
3. Welche Fragewörter findest du in der Silbenschlange? Die restlichen Silben ergeben eine Überzeugung (nicht nur) des Vitruv.

   ro-quid-quo-quan-tus-ma-cur-non-ne-ni-do-
   quot-mi-ni-u-bi-or-quis-bis-ter-num-ra-rum-sunt

Wortformen

4. Ein Wort passt aus grammatischen Gründen nicht in die Reihe. Suche das »schwarze Schaf« und begründe deine Antwort.
   a) visitet – ponat – postuletur – possideret – mittatis – manet – fuisset
   b) esset – laudarent – maneremus – afferet – mitteremini – advolaret – aleretur
   c) amarer – cultus esset – latus est – caedantur – expellerentur – defendamini
   d) numerat – gaudeamus – obsidemus – fugiemus – afficimus – ait – alo
   e) dem – tenebimus – servietis – reddentur – radam – disponentur – eris

Syntax

5. Zeichne eine Satzbauskizze des 2. Satzes (»Hae autem … constituerentur«).
6. Suche im Lektionstext Satzgefüge mit indirektem Fragesatz. Übernimm die Tabelle in dein Heft und fülle sie aus (s. Beispiel).

Zeile	Prädikat Hauptsatz	Fragewort	Prädikat Gliedsatz	Zeitverhältnis
3–4	explicat	quomodo	aedificentur	gleichzeitig

7. Ordne die Ablative einem Beziehungswort zu und übersetze sie. Es gibt mehrere Möglichkeiten.

Caesar, vir	acri ingenio
Ulixes, homo	praeclara dignitate
Achilles, Graecus	magna audacia
Verres, vir	magno robore
senatores, viri	summa cupiditate
hostes, homines	mala fama

8. Übersetze; achte besonders auf die indirekten Fragesätze.
   Sextus narrat:
   Heri cum in senatum properarem, Titus mihi obviam iit et ex me quaesivit, cur pridie me in thermis non vidisset. Tum quaesivit, num cum eo hortos adirem. Respondi mihi otium non esse, me in senatum ire debere.
   Tum mihi dixit, cur ipse ad rem publicam neque accessisset neque accederet.
   Tum ei, quid ego censerem, dixi: »Num ignoras, quanto in periculo res publica sit? Si id scires, me non retineres.« Cogitavi autem mecum: »Num ignoras, quanto odio interdum Epicurei mihi sint? Si id scires, ne interrogares quidem, tecumne ambularem.«

   pridie *Adv.*: tags zuvor – **thermae,** arum *f.*: Thermen

9. Bilde in den indirekten Fragesätzen jeweils die richtige Verbform.
   a) Vitruvius explicat,
      - quomodo privatae domus (aedificare).
      - qua forma gentes septentrionales et meridianes (esse).
      - quomodo gentes in bello (pugnare).
      - qua de causa Romani domini orbis terrarum (esse).

   b) Vitruvius explicavit,
      - quomodo privatae domus (aedificare).
      - qua forma gentes septentrionales et meridianes (esse).
      - quomodo in bello gentes (pugnare).
      - qua de causa Romani domini orbis terrarum (esse).

   septentrionalis, e: nördlich – **meridianus,** a, um: südlich

Übersetzung

10. Ordne den Sätzen ihre richtigen deutschen Übersetzungen zu.
    a) Pater filium interrogat, num id verum sit.
    b) Pater filium interrogavit, num id verum esset.
    c) Pater filium interrogat, quid nunc in animo habeat.
    d) Pater filium interrogavit, quid facere in animo haberet.
    e) Pater filium interrogavit, cur domi mansisset.
    f) Pater filium interrogat, cur hodie domi maneat.

    Der Vater fragt seinen Sohn | Der Vater fragte seinen Sohn ...
    was er jetzt vorhabe. – was er tun wolle. – warum er zu Hause geblieben sei. – warum er heute zu Hause bleibe. – ob dies wahr sei. – ob dies wahr sei.

Satzgefüge

Nicht nur pc und abl. abs. erschweren das Verständnis. Gliedsätze machen den Satz lang und unübersichtlich. Oft hilft eine Satzskizze, um sich die Zusammenhänge klarzumachen.

Eine optische Gliederungsmöglichkeit bietet dir die Einrückmethode: Der Hauptsatz beginnt ganz links, die Gliedsätze werden jeweils um eine Position oder mehrere eingerückt:

  Cum me in senatum ire debere scias,
me prohibere studes,
  ne officia mea impleam.

Diese Methode hilft dir insbesondere bei langen und verschachtelten Sätzen, den Überblick zu behalten.

Scisne,
  quid Cicero in illo libro,
    qui »de re publica« inscribitur,
  his fere verbis dixerit?

Die Gliedsätze erkennst du daran, dass sie mit Konjunktionen, Relativpronomen oder Fragewörtern eingeleitet werden. Du kennst folgende:

mit Ind.	cum, si, ut, ubi primum, quod, quamquam, postquam
mit Konj.	ut, cum
Fragewörter	cur, quomodo

Mens sana in corpore sano

»Wer in die Mensa geht, braucht einen gesunden Körper.« So verballhornten Studenten früher gerne dieses Sprichwort. Gutes Essen hält eben Leib und Seele zusammen, und dass eine vernünftige Ernährung dem Körper guttut, weiß man nicht erst seit gestern.

Die Wahrnehmung von Krankheit als Gegenteil von Gesundheit ist eine der wichtigsten Entdeckungen der Menschheitsgeschichte. Schon der Mensch der Steinzeit wollte Krankheit nicht einfach hinnehmen. Deshalb forschte er nach Möglichkeiten, sie zu bekämpfen. Zwei fundamentale Erkenntnisse halfen ihm dabei: Der Körper ist imstande, sich selber zu heilen, und es gibt Mittel, ihm bei diesem Prozess zu helfen. Solche Mittel fand man vor allem in der Natur. Der Satz »Gegen jedes Leiden ist ein Kraut gewachsen« bekommt damit eine besondere Bedeutung.

Was für uns ganz selbstverständlich ist, eine ganzheitliche medizinische und pharmakologische Betreuung, ist das Ergebnis eines Jahrtausende währenden Lernprozesses. Funde zeigen, dass beispielsweise die Römer bereits über ausgezeichnete Kenntnisse im Bereich der Chirurgie verfügten. So manches von ihnen entwickelte chirurgische Instrument ist in ähnlicher Form immer noch gebräuchlich. Das Gleiche gilt für die Schmerztherapie. Ein auch heute sehr populäres Schmerzmittel kannte man schon in der Antike: Acetylsalicylsäure, als Sud gewonnen aus gekochter Weidenrinde. Richtig, Aspirin! Sein Entdecker war niemand Geringeres als Hippokrates von Kos (ca. 460-370 v. Chr.), jener legendäre griechische Arzt, dessen Eid noch heute für jeden Mediziner verpflichtend ist.

1. Den Eid des Hippokrates findest du im Internet. Informiere dich über Geschichte und Inhalt.
2. Hippokrates galt als Nachfahre des Heilgottes Asklepios. Ihn ließ Zeus töten, weil er den Menschen gegen ihre Krankheiten half. Versuche, mehr über Asklepios zu erfahren, und überlege, wie die mythologische Erzählung um ihn entstanden sein könnte.

Gesundes Leben

Der gesunde Mensch

Sānus homō, quī et bene valet et suae spontis est[1], nūllās lēgēs sequī dēbet, neque medicō neque iātralīptā[2] eget. Hunc oportet varium habēre vītae genus: modo rūrī esse, modo in urbe, saepius in agrō; nāvigāre, vēnārī, quiēscere interdum, sed frequentius[3] sē exercēre. Nē labōrēs vereātur. Īgnāvia[4] enim corpus hebetat[5], labor firmat; illa mātūram[6] senectūtem, hic longam adulēscentiam reddit. Prōdest interdum lavārī, interdum aquīs frīgidīs ūtī, modo unguī[7], modo id ipsum neglegere. Sānus homō eīsdem generibus cibī ūtī dēbet, quibus populus ipse ūtitur. Prōdest interdum in convīctū[8] esse, interdum ab eōdem sē retrahere[9]. Melius est bis diē quam semel cibum capere et semper quam plūrimum[10].

1 **suae spontis esse:** sein eigener Herr sein
2 **iātralīptēs,** ae *m.*: Masseur, Physiotherapeut
3 **frequentius** *Adv.*: häufiger
4 **īgnāvia,** ae *f.* Trägheit
5 **hebetāre,** hebetō: schwächen
6 **mātūrus,** a, um: früh
7 **unguī:** sich einsalben
8 **convīctus,** ūs *m.*: Geselligkeit, Gesellschaft
9 **retrahere,** trahō: zurückziehen
10 **quam plūrimum:** möglichst viel

Ausschnit aus einem Mosaik in Piazza Armerina (Sizilien).

Vor dem Übersetzen

1. Was kann man tun, um gesund zu bleiben? Verschaffe dir einen ersten Überblick über den Text anhand der Prädikate und der angegebenen Vokabeln.

Nach dem Übersetzen

2. Formuliere deine eigenen Empfehlungen für ein gesundes Leben.

Alkohol

Seneca Lūcīliō, amīcō suō, praecepta philosophiae explicāns haec ferē scrīpsit: Quibusdam interrogantibus, cūr vir bonus ēbrius fierī[1] nōn dēbeat, dīc, quam turpe sit stomachī suī nōn nōvisse mēnsūram[2]. Ēbrietās mentem perturbāns nihil aliud esse vidētur quam voluntāria[3] īnsānia[4]. Ēbrietāte omne vitium incendente et aperiente verēcundia[5] malōs cōnātūs prohibēns tollitur. Adice[6] illam īgnōrātiōnem[7] suī, incertōs oculōs, gradum errantem, caput dolēns. Velut turbine[8] tōtam domum circumagente[9] mūrī ipsī movērī videntur. Corpore istō modō aegrōtante animus sānus esse nōn potest.

Mīrārisne iam auctōrēs temporum antīquōrum dē hominibus vīnō immodicē[10] ūtentibus scrībere solitōs esse?

1 **fierī:** werden
2 **stomachī nōvisse mēnsūram:** das Maß/die Größe des Bauchs/Magens kennen
3 **voluntārius,** a, um: freiwillig
4 **īnsānia,** ae *f.*: Wahnsinn
5 **verēcundia,** ae *f.*: Scham(gefühl)
6 **adicere,** iō: hinzufügen
7 **īgnōrātiō,** ōnis suī *f.*: *hier:* Trübung des Bewusstseins
8 **turbō,** inis *m.*: Wirbel(wind)
9 **circumagere,** agō: im Kreis drehen
10 **immodicē** *Adv.*: maßlos

Vor dem Übersetzen

1. Beschreibe die Folgen übermäßigen Alkoholgenusses. Verschaffe dir dann einen ersten Überblick über den Inhalt des Textes.

Nach dem Übersetzen

2. Nimm deine Liste und deinen ersten Vergleich wieder zur Hand. Zitiere nun lateinisch Parallelen und Unterschiede zwischen deiner und Senecas Einschätzung.

Zusatzaufgabe: Untersuche Zeitschriften-, Fernseh- und Plakatwerbung: Welche Branchen und Produkte werben mit »gesunden Menschen« bzw. versprechen, Menschen gesund zu erhalten oder gesund zu machen? Bereite eine Präsentation vor.

Vokabeln

1. Von welchen Wörtern kannst du folgende Substantive ableiten und was bedeuten sie?
   oratio, damnatio, deditio, deliberatio, disputatio, educatio, expugnatio

2. Nenne die lateinischen Wörter, die in folgenden Fremdwörtern stecken:
   Agent, ambulant, konsequent

   Sieh in einem lateinischen Wörterbuch nach, ob du in gleicher Weise Wörter findest, die in *Migrant, Ministrant, Absolvent* und *Delinquent* stecken.

Wortformen

3. Ordne den Formen von »timere« die entsprechenden Formen des Deponens »vereri« zu.

a)

timetis, timuisti, timeat, timeremus, timeo, timuerant, timebimus	veritus es, vereremur, vereor, veriti erant, verebimur, vereatur, veremini

b)

timebamus, times, timeas, timuit, timuisset, timueras, time!	vereris, verearis, veritus est, veritus esset, verere! verebamur, veritus eras

4. Ein Wort passt aus grammatischen Gründen nicht in die Reihe. Suche das »schwarze Schaf« und begründe deine Antwort.
   a) sequere – verere – lavare – exerce – utere – venare
   b) sequar – defendam – poterunt – debet – ludet – proderitis – abibunt
   c) utimini – venamini – lavamini – exercete – veremini – certe – adeste

5. Wenn du die Anfangsbuchstaben aller Konjunktivformen hintereinander schreibst, erhältst du den Gesundheitstipp eines englischen Politikers.
   utuntur – videntur – verebaris – nesciam – lavabimini – usi sumus – incendis – oporteret – sequaris – putaverat – positum esset – obsecrabit – negleget – oppugnemus – quaeritur – rideremus – oneratur – positus erat – tanges – audietis – trahat – vituperamus – restabat – audiebatis – sequeremini – it

6. Sortiere in zwei Spalten: PPP oder PPA. Gib für jedes Verb den Infinitiv und die Stammformen an.
   venienti – capiens – captis – abeuntes – moventem – motum – trahentes – tractas – facientium – factorum – expellentibus – expulsis

Syntax

7. Zeichne eine Satzbauskizze des 2. Satzes aus Text 2 (»Quibusdam … mensuram«).

8. Übersetze die folgenden *ablativi absoluti* als Gliedsätze mit »nachdem« bzw. »während«: dentibus dolentibus, urbe deleta, turba clamante, his verbis dictis, his rebus constitutis, Didone sortem suam deplorante

deplorare, o: beklagen

9. Füge jeweils das Partizip in den Satz ein, indem du es in Kasus, Numerus und Genus mit dem kursiv gesetzten Substantiv verbindest. Übersetze.
Mors *servi* a nonnullis iuris consultis disputabatur. a tonsore necatus
Dido *Aeneam* amicissime accepit. patriam novam quaerens
Aeneas Didonem reliquit. iussu deorum coactus
Mercurius *Aeneam* Carthaginem relinquere coegit. reginam valde amans
Romulus *Remum* necavit. murum novae urbis despiciens

iuris consultus, i *m.*: Rechtsgelehrter – **tonsor,** oris *m.*: Friseur, Barbier – **amicissime** *Adv.*: sehr freundlich – **despicere,** io: verachten

Übersetzung

10. Übersetze die folgenden *ablativi absoluti* möglichst vielfältig. Ergänze die Ausdrücke auf Deutsch zu einem sinnvollen Satz.
Beispiel: Capite dolente …: Wenn der Kopf schmerzt, hilft manchmal eine Tablette.
   a) Homine sano nullo medico egente …
   b) Ebrietate mentem perturbante …
   c) Urbe deleta …
   d) Magistro apparente …
   e) Oratione habita …
   f) Omnibus consulentibus …
   g) Philosophis disputantibus …
   h) Metu victo …
   i) Paucis omnia possidentibus …
   j) Patre librum legente …

Sprachvergleich

11. Wie sagst du das auf Deutsch?
Seeing she was wrong, she finally stopped talking. Even knowing she was wrong, she would not give in. Laughing and joking as they were, they made me feel worse. Running as fast as I could, I managed to escape.

Der Mensch – ein weites (Sach-)Feld

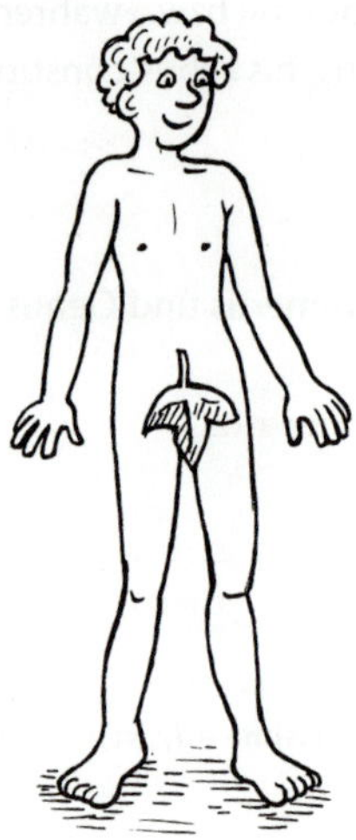

Mens sana in corpore sano? So – und zwar falsch – wird das Sprichwort oft zitiert. Doch gerade andersherum meint es das Sprichwort: *Orandum est, ut sit mens sana in corpore sano.*

Der Satiriker Juvenal (60–127 n. Chr.) unterstellt damit, dass allzu oft ein schöner Schein nicht hält, was er verspricht.

Das Thema bietet Gelegenheit, ein Sachfeld der Vokabeln zu Körper und Geist zu erstellen.

Vokabeln lernen sich besser, wenn man sie miteinander vernetzt. Ein solches Netz lässt sich z.B. mittels einer Mind Map, Clustering oder der Strukturlegemethode erstellen.

Cluster: Schreibe das Wort »Mensch« in die Mitte eines Blattes. Außenherum kannst du ganz frei alle Begriffe aufschreiben, die dir zu dem Thema einfallen. Anschließend kannst du auch Zusammengehöriges mit Strichen verbinden.

Mind Map: Im Gegensatz zum Cluster bietet eine Mind Map die Möglichkeit, die Begriffe stärker zu strukturieren und in einer Art Hierarchie nach Ober- und Unterbegriffen zu ordnen.

Strukturlegemethode: Schreibe die Wörter auf ein Blatt Papier ab, schneide sie auseinander und lege sie so, dass sie für dich sinnvoll miteinander in Beziehung stehen. Klebe deine Endversion auf.

Ordne die Wörter des Sachfeldes »Mensch« für dich selbst mithilfe einer solchen Vernetzungsmethode.

homo, puer, corpus, videre, oculus, ridere, pes, dens, flere, lacrima, dicere, currere, vivere, mors, forma, capillus, sanguis, timere, cupere, scire, gaudere, spes, cogitare, sentire, beatus, virtus, dolor, laetus, amor, cura, prudentia, odium, animus, dolere, metus, maestus, audacia, ingenium, avarus, crudelitas, diligere, cupidus, improbus, honestus, felix, modestia, sapiens

Religio illicita

»Die Freiheit des Glaubens, des Gewissens und die Freiheit des religiösen und weltanschaulichen Bekenntnisses sind unverletzlich.« Artikel 4.1 des Grundgesetzes der Bundesrepublik Deutschland.

Religionsfreiheit ist ein auch in unserer Zeit teuer erkauftes Gut und alles andere als eine Selbstverständlichkeit. Noch immer werden Menschen um ihres Glaubens willen verfolgt oder zumindest misstrauisch beäugt. Religion hat viel mit Identifikation zu tun. Vielleicht fühlen sich deswegen so viele Menschen durch fremde Religionen verunsichert.

Früher war man überzeugt, dass ein Volk erst dann endgültig besiegt sei, wenn man seine Götter(bilder) und damit seine Religion zerstört hat. Nur wenige Herrscher gewährten besiegten Völkern Religionsfreiheit, so der Perserkönig Kyros II. der Große (gest. 529 v. Chr.), dessen Toleranz bereits in der Antike als vorbildlich gepriesen wurde.

Auch die Römer waren in religiösen Fragen eigentlich großzügig. Umso erstaunlicher ist es, dass es gegen die Christen immer wieder zu Pogromen kam. Das hatte vor allem politische Gründe. Man begegnete den Christen mit Argwohn, denn sie verweigerten das Staatsopfer für den Kaiser und trafen sich regelmäßig zu Gottesdiensten. Das machte sie in den Augen der römischen Obrigkeit verdächtig. Diese fürchtete politische Umtriebe und bezichtigte die Christen der Bildung einer *Hetärie* (unerlaubte Kultvereinigung). Unter Kaiser Domitian (81–96 n. Chr.) wurde die christliche Religion daher zur *religio illicita* (unerlaubte Religion) erklärt und von nun an mit aller Härte bekämpft. Damit begannen die systematischen Christenverfolgungen, die ihren traurigen Höhepunkt unter Kaiser Diokletian (284–307 n. Chr.) erreichen sollten. Erst Kaiser Konstantin (306–337 n. Chr.) setzte den Verfolgungen 313 mit dem sogenannten Toleranzedikt von Mailand ein Ende (Konstantinische Wende). 391 wurde das Christentum zur Staatsreligion.

1. *Hetärie – religio illicita*. Erläutere diese Begriffe aus dem Kontext.
2. Informiere dich anhand von Nachschlagewerken genauer über Christenverfolgung im römischen Reich.
3. Verfasse eine Kurzbiographie zu Kaiser Konstantin dem Großen.

Plinius und die Christen

C. Plīnius Trāiānō imperātōrī salūtem dīcit

Omnia, dē quibus dubitō, ad tē, domine, referre soleō. Quis enim sapientior benīgniorque est quam tū, quis melius hūmāniusque tē īgnōrantiam[1] meam īnstruere potest?

Apportātus est mihi libellus[2] sine auctōre nōmina multōrum Chrīstiānōrum continēns.
Eōs,
quī sē Chrīstiānōs esse aut fuisse firmē negābant,
dīmīsī,
cum deōs appellāvissent[3],
imāginem tuam fidēliter venerātī essent,
praetereā maledīxissent Chrīstō[4].

Cōnstat enim hominēs vērē Chrīstiānōs ad illa minimē cōgī posse. Nōnnūllī autem affirmābant sē Chrīstiānōs esse, sed nēminī malō[5] esse neque fuisse.

Necessārium esse crēdidī ex duābus ancillīs, quid esset vērum, etiam per tormenta[6] quaerere. Sed nihil aliud invēnī quam superstitiōnem stultissimam turpissimamque. Itaque, domine, scīre velim[7], liceatne mē hunc āctum[8] sequī pergere: Eōs, quī ad mē tamquam Chrīstiānī dēlātī sunt, interrogō, num sint Chrīstiānī. Sī negāvērunt, eōs dīmittō. Sīn sē Chrīstiānōs esse cōnfessī sunt, iterum ac tertiō interrogō. Eōs, quī perseverāvērunt, ad supplicium dūcī iubeō. Pertinācia[9] enim eōrum quam sevērissimē dēbet pūnīrī.

1 **īgnōrantia,** ae *f.*: Unwissenheit
2 **libellus,** ī *m.*: Büchlein, Heft
3 **appellāre,** appellō: *hier:* anbeten
4 **Chrīstus,** ī *m.*: Christus
5 **malum,** ī *n.*: Übel
6 **tormentum,** ī *n.*: Folter
7 **velim:** ich möchte
8 **āctus,** ūs *m.*: Verfahrensweise
9 **pertinācia,** ae *f.*: Hartnäckigkeit, Starrsinn

Vor dem Übersetzen

1. Belege am Text, welche Textgattung vorliegt.

Nach dem Übersetzen

2. Das Verhältnis des Plinius zu den Christen ist nicht unkompliziert. Wie versucht er, das Problem zu lösen?

Trāiānus Plīniō Secundō salūtem dīcit

Certior factus sum tē officia tua optimē implēre, quod mihi māgnō gaudiō est. Etiam multō maiōre gaudiō cōgnōvī tē in diēs[1] spectātiōrem[2] honestiōremque fierī. Ita fit, ut etiam dīgnitās prīncipis augeātur.

Quaesīvistī ex mē, num Chrīstiānōs bene rēctēque tractārēs. Modum agendī[3], quō iam ūsus es, Secunde cārissime, tibi sequī licet. Cavē autem, nē sevērior fiās. Sī quis[4] dēlātus et convictus est, pūnīrī dēbet, sed eum sevērius pūnīrī aliīs scelestīs[5] nōn licet. Praetereā libellī[6], quī sine auctōre tibi prōpōnuntur[7] locum habēre[8] nōn dēbent. Nam et pessimī exemplī nec nostrī saeculī est.

1 **in diēs:** von Tag zu Tag
2 **spectātus,** a, um: angesehen
3 **agendī:** des Handelns/Tuns
4 **quis** = aliquis
5 **scelestus,** ī *m.:* Verbrecher
6 **libellus,** ī *m.:* Büchlein, Heft
7 **prōpōnere,** pōnō: vorlegen
8 **locum habēre:** Berücksichtigung finden

Vor dem Übersetzen

1. Benenne die Konnektoren und ihre Funktion.

Nach dem Übersetzen

2. Die Antwort des Kaisers fällt recht knapp aus. Lassen sich daraus Rückschlüsse auf das Verhältnis zwischen Plinius und Trajan ziehen? Argumentiere mithilfe beider Texte. Zitiere lateinisch.
3. Wie beurteilt Trajan Plinius' Vorgehen?

Vokabeln

1. quam – ein Wörtchen mit vielen Bedeutungen. Übersetze.
   a) Res, quam Plinius ad Traianum rettulit, difficilis fuit.
   b) Quam felix sum!
   c) Quam superstitionem invenisti?
   d) Officia tua quam optime imple!
   e) Tua vita miserior quam nostra est.
   f) Ista vita, quam tu agis, miserrima est!

Wortformen

2. Hier muss man genau hinsehen. Bestimme die kurzen Formen.
   a) sit – fit – it – ait
   b) fis – is (2) – his (6) – aes (2)
   c) fiet – fiat – eat – fuit
   d) fio – eo (3) – isto (2)
   e) fieret – erat – alat – dat
   f) fiunt – eunt – sunt – flebunt
   g) fimus – ius (2) – mos – nos (2)

3. Bilde Adverbien zu den folgenden Adjektiven. Verbinde sie mit einem passenden Verb aus dem Wortspeicher und übersetze die Wendung.

fortis, difficilis, verus, bonus miserrimus, sapiens, severus publicus, acer	agere, neglegere, defendere vivere, referre, dicere, punire disputare, vituperare

4. Ordne alle Adjektive (in der im Text vorkommenden Form) und alle Adverbien der beiden Lektionstexte in die Tabelle ein und vervollständige die Zeilen nach folgendem Muster:

Positiv	Komparativ	Superlativ
sapiens	sapientior	sapientissimus

5. Sortiere zu Dreiergruppen.

multipeiorbonusmaximusmeliorminorparvusmalus
maioroptimusplurimimagnuspessimusminimusplures

Syntax

6. So viele Ablativ-Funktionen! Schreibe sie heraus (die Wortschlange enthält auch Begriffe, die keine Ablativfunktionen benennen). Übersetze dann die Sätze und achte auf die semantische Funktion des Ablativs.

locitemporissubjektivusmodiinstrumentiobiectivuscausaeparticipiumsoc iativusseparativusimperativusmensuraelimitationisqualitatiscomparationis

Penelope, uxor Ulixis, mente acerrima erat. Et nemo callidior erat coniuge eius. Bello Troiano maesta erat. Nam Ulixes patria domoque cum sociis Troiam abierat. Quem Penelope omnes virtute et ingenio superare sciebat, sed fide? Postquam Graeci Troiam diu oppugnaverunt, decimo anno urbem dolo expugnaverunt. Tum multis cum laboribus domum navigaverunt.

Cum Ulixes domum venisset, Penelope eum non cognovit et multis modis probavit. Sed paulo post argumentis certis Ulixem coniugem esse cognovit. Et Ulixes omnia narravit, quae Troiae acciderant.

Penelope, es *f.: Frau des Odysseus* – **callidus,** a, um: schlau – **probare:** prüfen – **argumentum,** i *n.:* Beweis – **accidere,** o: sich ereignen

Übersetzung

7. Der Elativ sollte nicht immer mit farblosem »sehr« übersetzt werden. Finde für die Elative selbst ausdrucksstarke Übersetzungen.
   Beispiel:

novissimus	brandneu	stultissimus	strohdumm

optimus, pulcherrimus, cupidissimus, laetissimus, improbissimus, sapientissimus, avarissimus, pigerrimus, antiquissimus, plenissimus, certissima

Sprachreflexion

8. Adverb oder Adjektiv? Teste deine Deutschkenntnisse.
   Er springt hoch. – Der Berg ist höher, als man denkt. – Denk schneller! – Er ist ziemlich schlecht im Kopfrechnen.

9. Erkläre, wie in anderen dir bekannten Sprachen
   a) Adverbien gebildet werden,
   b) Adjektive gesteigert werden.

Pater noster

Eu-angelion, episkopos, ekklesia, basilika, krypta – von den griechischsprachigen Evangelien bis hin zum *Patriarchen* von Konstantinopel: Zuerst war Griechisch die Sprache des wachsenden Christentums.

Im Westen setzte sich aber das Lateinische durch, mit dem *papa*, den *pastores*, mit *ave Maria*, *pater noster* und dem römischen *credo*. Die Jahre zählen *Anno domini*, *ante* oder *post Christum natum*, zu den Evangelien gesellen sich *epistulae* und *sermones*.

Das heute bekannteste christliche Gebet ist das *pater noster*. Unten stehen die lateinische Version und die gebräuchlichste deutsche Übersetzung. Sie basiert auf einer traditionellen Übersetzung des Matthäus-Evangeliums.

Fertige eine moderne Übersetzung an und löse dich gegebenenfalls auch von den Ausdrücken der Vokabelangaben.

Pater noster, qui es in caelis,	Vater unser im Himmel,
sanctificetur nomen tuum.	geheiligt werde dein Name.
Adveniat regnum tuum.	Dein Reich komme.
Fiat voluntas tua,	Dein Wille geschehe,
sicut in caelo, et in terra.	wie im Himmel, so auf Erden.
Panem nostrum cottidianum da nobis hodie.	Unser tägliches Brot gib uns heute.
Et dimitte nobis debita nostra,	Und vergib uns unsere Schuld,
sicut et nos dimittimus debitoribus nostris.	wie auch wir vergeben unseren Schuldigern.
Et ne nos inducas in tentationem,	Und führe uns nicht in Versuchung,
sed libera nos a malo.	sondern erlöse uns von dem Bösen.
Amen.	Amen.

sanctificare, o: heiligen – **fiat:** es geschehe / soll geschehen – **voluntas,** atis *f.*: Wille – **sicut:** so wie – **panis,** is *m.*: Brot – **cottidianus,** a, um: täglich – **debitor,** oris *m.*: »Schuldner« – **inducere:** *erschließe die Bedeutung aus* in + ducere – **tentatio,** onis *f.*: Versuchung

Ein Römer fordert sein Recht

»Ist es erlaubt bei euch, einen Menschen, der römischer Bürger ist, ohne Urteil zu geißeln?« – Dem Oberst in Jerusalem, an den sich diese Frage richtet, wird es mulmig. Das Geißeln eines römischen Bürgers widerspricht dem *ius civile,* der römischen Verfassung, und ist strafbar. Römische Bürger genießen besondere Privilegien.

Er selbst hat sich das Bürgerrecht teuer erkauft. Der Fragende besitzt es seit seiner Geburt. Er ist Jude und heißt Saulus. Als römischer Bürger trägt er den Namen Paulus. Ihm wird vorgeworfen, Zwietracht in der jüdischen Gemeinde zu säen, indem er die Leute auffordere, Jesus von Nazareth als den in den heiligen Schriften verheißenen Messias zu bekennen.

Die in religiösen Fragen recht toleranten Römer sind an diesem für sie innerjüdischen Streit noch wenig interessiert. Sie sehen ihre Aufgabe darin, für Ruhe und Ordnung in Jerusalem zu sorgen. Daher nehmen sie Paulus in Schutzhaft und bringen ihn später auf eigenen Wunsch nach Rom. Denn Paulus macht von einem weiteren Recht als römischer Bürger Gebrauch. Weil er sich zu Unrecht angeklagt fühlt, besteht er darauf, sein Anliegen dem Kaiser vorzutragen.

Als Paulus zu Beginn der sechziger Jahre nach Rom kommt, trifft er auf eine schon recht bedeutende christliche Gemeinde. Doch anders als in Jerusalem haben die Römer hier mittlerweile in die Auseinandersetzungen zwischen Christusanhängern und orthodoxen Juden eingegriffen. Kaiser Claudius verwies im Jahre 49 sogar die religiösen Führer beider Gruppen der Stadt. Die Situation ist angespannt. Ironie der Geschichte: Der von Paulus angerufene Kaiser ist niemand anderes als Nero. Seit 54 führt er die Regierungsgeschäfte. Nur wenige Jahre nach dem Eintreffen des Paulus wird er als erster gewaltsam gegen die recht unbeliebten Christen vorgehen. Er wird ihnen die Schuld am Brand Roms 64 in die Schuhe schieben und so den Grund für die späteren Christenverfolgungen legen. Bis zur Einordnung als *religio illicita* ist es nur noch ein kleiner Schritt.

1. Informiere dich über das römische Bürgerrecht.
2. Verfasse ein Kurzreferat zur neronischen Christenverfolgung.
3. Über Paulus weiß man relativ viel. Erstelle einen Steckbrief.

Christen vor Gericht

Am 17. Juli des Jahres 180 n. Chr. fand in Karthago ein Prozess gegen mehrere Christen statt. Folgender Text dokumentiert das Verhör vor dem Prokonsul. Es ist das älteste christliche Schriftstück in lateinischer Sprache.

Sāturnīnus prōcōnsul dīxit:
Potestis indulgentiam[1] dominī nostrī imperātōris prōmererī[2], sī ad bonam mentem redīre vultis.

Spērātus dīxit:
Numquam malefēcimus[3], numquam maledīximus, sed male acceptī[4] grātiās ēgimus; item imperātōrem nostrum observāmus[5].

Sāturnīnus prōcōnsul dīxit:
Et nōs religiōsī sumus et simplex est religiō nostra, et iūrāmus per genium dominī nostrī imperātōris et prō salūte eius supplicāmus[6], quod etiam vōs facere dēbētis.

Spērātus dīxit:
Sī parātus es ad audiendum, dīcō mystērium[7] nostrae simplicitātis.

Sāturnīnus prōcōnsul dīxit:
Dīcentī tibi mala dē sacrīs nostrīs aurēs praebēre nōlō; sed potius iūrā per genium dominī nostrī imperātōris.

Spērātus dīxit:
Illī deō servīre mālō, quem nēmō hominum vīdit nec videndō cōgnōscere potest.

Sāturnīnus prōcōnsul dīxit cēterīs:
Dēsinite huius esse persuāsiōnis[8], nōlīte huius dēmentiae[9] esse participēs, parātī este ad iūrandum per genium dominī imperātōris nostrī.

Cittīnus dīxit:
Nōs nōn habēmus alium, quem timēmus, nisī dominum deum nostrum, quī est in caelīs.

Dōnāta dīxit:
Honōrem Caesarī[10] quasi Caesarī; timōrem autem deō ūnī[11].

1 **indulgentia,** ae *f.*: Nachsicht
2 **prōmererī,** mereor: erwerben
3 **malefacere,** faciō, fēcī, factum: Böses tun
4 **male acceptī:** »wenn man uns schlecht behandelt hat«
5 **observāre,** servō: achten
6 **supplicāre,** supplicō: beten
7 **mystērium,** ī *n.*: Geheimnis
8 **persuāsiō,** ōnis *f.*: Überzeugung
9 **dēmentia,** ae *f.*: Torheit
10 **Caesar** *m.*: Caesar, Kaiser
11 **ūnī:** Dativ von unus

Sāturnīnus prōcōnsul Spērātō dīxit:
Num persevērās Chrīstiānus esse, nōnne iūrāre per genium dominī imperātōris nostrī vīs?

Spērātus dīxit: Chrīstiānus sum et esse volō.

Et cum eō omnēs cōnsēnsērunt.

Sāturnīnus prōcōnsul dīxit:
Dēlīberāre licet. Numquid[12] ad dēlīberandum spatium vultis?

Spērātus dīxit:
In rē tam iūstā nūlla est necessitās diū dēlīberandī. Nēmō nostrum dēlīberāre vult.

Sāturnīnus prōcōnsul dīxit:
Moram trīgintā diērum habēte et facultātem omnia recordandī.

Spērātus item dīxit: Chrīstiānus sum.

Et cum eō omnēs cōnsēnsērunt.

Sāturnīnus prōcōnsul dēcrētum ex tabulā recitāvit[13]*:*
Spērātum, Nartzalum, Cittīnum, Dōnātam et cēterōs rītū Chrīstiānō sē vīvere cōnfessōs, quoniam oblātā sibī facultāte ad mōrem Rōmānōrum redeundī obstinanter[14] persevērāvērunt, gladiō animadvertī placet.

Nartzalus dīxit: Hodiē martyrēs[15] in caelis sumus. Deō grātiās.

Ūniversī dīxērunt: Deō grātiās.

Et statim dēcollātī[16] sunt prō nōmine Chrīstī. Āmēn.

12 **numquid:** etwa?

13 **recitāre,** recitō: vorlesen

14 **obstinanter** *Adv.*: hartnäckig

15 **martyr,** martyris *m./f.*: Märtyrer, Märtyrerin

16 **dēcollāre,** collō: enthaupten

Vor dem Übersetzen

1. In diesem Text hast du es mit einem Gerichtsprotokoll zu tun. Angeklagt sind die Christen. Suche nach Schlüsselbegriffen, mit denen sie auf den Vorwurf reagieren, dem Kaiser die Verehrung zu verweigern.

Nach dem Übersetzen

2. Stelle die Aussagen des Prokonsuls und der Christen einander gegenüber. Beschreibe die Haltung beider Parteien.
3. Stelle Vermutungen an über die Intention des Textes und seine Zielgruppe.

Vokabeln

1. Lateinkenntnisse helfen zu verstehen, was die Ärzte meinen. Welche der drei Bedeutungen ist jeweils richtig?
   Lokalanästhesie: a) Alkoholverbot – b) Überempfindlichkeit gegen Gaststättengerüche – c) örtliche Schmerzbetäubung
   Indolent: a) unerträglich – b) sehr schmerzhaft – c) schmerzlos
   Dentale Infektion: a) Zahnstein – b) von den Zähnen ausgehende Infektion – c) negativer Bescheid des Zahnlabors
   devital: a) leblos – b) lebhaft – c) lebenslustig
   desensibilisieren: a) das Gleiche wie desinfizieren – b) übertrieben empfindlich sein – c) unempfindlich machen

2. Festige deine Vokabelkenntnisse; was heißt ...?
   a) Idem velle atque idem nolle, ea demum firma amicitia est.
   b) Aut prodesse volunt aut delectare poetae.
   c) Possum, sed nolo.
   d) Noli me tangere.

   demum *Adv.*: erst – **amicitia,** ae *f.*: Freundschaft – **poeta,** ae *m.*: Dichter

Wortformen

3. Bilde Pärchen (z. B. opto – volo).
   a) voluisti – optas – volebas – optabis – voles – vis – optabas – optavisti
   b) nolunt – optans – optabant – non optet – non optant – volens – nolebant – nolit

4. Ersetze die Formen von *optare* durch die entsprechende Form von *velle* bzw. *nolle*.
   a) optat – optavit – optabis – optes – optarent
   b) non optant – non optat – non optaverunt – non optarem – non optavisset

5. Bestimme die folgenden Formen. Vorsicht: Sie können mehrdeutig sein.
   a) vis, viis, viris, vivis, vitis, vitiis
   b) volebas, volabas, volares, velles, voles, volunt
   c) nolo, novo, nescis, nobis, noli, non vis
   d) malo, mavis, malis, malles, maius, manes, malam

Syntax

6. Das Wandern ist des Müllers Lust! Übersetze.
   Migrare molitori gaudio est. Molitor migrare amat. Molitor cupidus migrandi est. Molitor migrando multas urbes visitat. Molitor semper ad migrandum paratus est.

   migrare, migro: wandern – **molitor,** oris *m.*: Müller

7. a) Ordne den lateinischen Ausdrücken jeweils eine richtige Übersetzung zu.

causa ad rem publicam adeundi
res ad vivendum necessariae
ingenium bene dicendi
voluptate bibendi
fugiendo se servare

zum Leben notwendige Dinge
Redebegabung
aus Lust am Trinken
sich durch Flucht retten
ein Grund, in die Politik zu gehen

b) Übersetze folgende Ausdrücke (oft reicht ein Wort).
ars scribendi – ars vivendi – cupidus discendi – discendi causa – cupidus bibendi

Übersetzung

8. Über das Martyrium.
a) Vergleiche die Aussagen der beiden Texte über das Martyrium.
b) Erläutere, wie Tertullian (als christlicher Autor) den heidnischen Leser in die Argumentation mit einbezieht.

Ignatius über sein Martyrium.

1. Aber nahe dem Schwerte ist nahe bei Gott, inmitten der wilden Tiere ist inmitten Gottes; einzig im Namen Jesu Christi. Um mit ihm zu leiden, ertrage ich alles, wenn er mir Kraft gibt.
2. Feuer, Kreuz, Kämpfe mit wilden Tieren, Zerschneidungen, Zerteilungen, Zerschlagen der Gebeine, Verzerrung der Glieder, Zermalmung des ganzen Körpers, des Teufels böse Plagen sollen über mich kommen, nur damit ich zu Jesus Christus gelange.

Tertullian in seiner Verteidigungsschrift für die Christen über das Martyrium. Übersetze.

Multi apud vos dolorem et mortem neglegunt: Mucius dexteram suam libenter in igne relinquit: O virum fortem! Regulus, ne unus pro multis hostibus vivat, toto corpore dolores et cruces patitur: O virum fortem!

Illis omnibus statuas ponitis in aeternitatem. Quantum monumentis potestis, praebetis quodam modo mortuis resurrectionem. Sed qui veram resurrectionem a deo sperat, si pro deo patiatur, insanus est!

Sed quis non pati exoptat, ut totam dei gratiam, ut omnem veniam ab eo compensatione sanguinis sui accipiat? Cum damnamur a vobis, a deo absolvimur.

Mucius: *C. Mucius Scaevola. Während der Belagerung Roms schlich er sich ins Lager der Etrusker, um ihren König Porsenna zu töten, wurde aber gefangen genommen. Sein Mut – er hielt seine rechte Hand ins Feuer – veranlasste Porsenna, die Belagerung abzubrechen* – **dextera:** rechte Hand – **ignis,** is *m.*: Feuer – **Regulus:** *M. Atilius Regulus. Von den Karthagern gefangen genommen wurde er als Unterhändler nach Rom geschickt. Dort forderte er den Senat auf, den Kampf fortzusetzen, und kehrte pflichtgetreu nach Karthago zurück, wo er getötet wurde* – **crux,** crucis *f.*: Kreuz(esqualen) – **pati:** ertragen – **statua,** ae *f.*: Statue – **aeternitas,** atis *f.*: Ewigkeit – **monumentum,** i *n.*: Monument – **mortuus,** a, um: tot – **resurrectio,** ionis *f.*: Auferstehung – **sperare** + Akk.: hoffen auf – **insanus:** *hier:* Narr – **gratia,** ae *f.*: *hier:* Gnade – **venia,** ae *f.*: Vergebung – **compensatio,** ionis *f.*: Preis – **absolvere,** o: freisprechen, erlösen

Wie finde ich …?

Der Abschied vom Buch rückt näher. Wenn du Originallektüren liest, wird dir nicht mehr jede unbekannte Vokabel als Lernvokabel präsentiert – zusammen mit einer Vorauswahl von Bedeutungen und mit allen grammatischen Angaben, die du brauchst. Stattdessen bist du darauf angewiesen, im Wörterbuch nachzuschlagen und alle wichtigen Informationen herauszusuchen. Doch das ist manchmal gar nicht so einfach.

cōpiolae, ārum *f (Demin. v. copiae)* ein Häuflein Truppen.
● **cōpiōsus,** a, um *(copia)* 1 reich (an Vorrat), reich(lich) ausgestattet, reichlich, *(v. Personen)* wohlhabend, *(m. Abl.)* reich an etw. *(Ggstz. inops);* **domus -a; patrimonium amplum et -um; urbs celebris et -a; victus ~; hostis ~** reich m. Proviant versehen; **opulenti homines et -i;**
2 gedanken-, wortreich, beredt, ausführlich [**disputatio; oratio; orator** gewandter Redner]; **causam copiosissime disputare** sehr ausführlich;
3 *(nachkl.)* begabt [**vir; ingenium**].
cōpis[1], e *(< co u. ops; vgl. copia) (Plaut.)* reich.

Folgende Arbeitsschritte bieten sich an:

1. Wortart bestimmen oder erschließen
2. Lexikonform erschließen
   unveränderliches Wort
   Substantiv: Nominativ Singular
   Adjektiv: Nominativ Singular maskulin
   Verb: 1. Pers. Sing. Ind. Präs.
3. das Wort nachschlagen
4. a) Wenn du das Wort nicht findest …
   – Überlege: Habe ich mich in der Lexikonform getäuscht? Unter welchem Stichwort könnte ich noch nachsehen?
   – Suche Wörter mit ähnlichem Wortanfang und prüfe, ob eines davon passen könnte.

   b) Hast du das richtige Wort gefunden, musst du die passende Bedeutung auswählen.

Bei manchen Wörtern – besonders bei Verben – ist der Wörterbucheintrag ziemlich lang, weil das Wort in vielen unterschiedlichen Zusammenhängen verwendet wird und daher viele verschiedene »Bedeutungen« haben kann.

Die unterschiedlichen Bedeutungsbereiche sind durch eine Gliederung (1., 2., 3.) klar voneinander getrennt. Die passende Bedeutung kannst du nur aus dem Sinnzusammenhang des Satzes und der grammatikalischen Konstruktion erschließen. Mit dieser Bedeutung kannst du eine erste Übersetzung formulieren.

Es lohnt sich, zum Schluss noch einmal zu überlegen, ob dir noch ein besseres Wort einfällt, das den Zusammenhang treffender wiedergibt als die Grundbedeutung aus dem Wörterbuch.

Was ist Wahrheit?

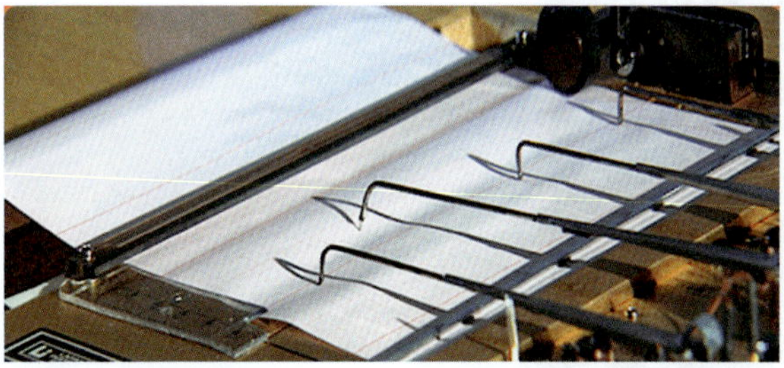

Nichts ist schwieriger als die Wahrheitsfindung. Man kennt das aus Gerichtsverhandlungen. Ein Richter hört sich die Sichtweisen der jeweiligen Parteien an und versucht anschließend, ein gerechtes Urteil zu fällen.

Im Prozess um Jesus war das nicht anders. Seine Ankläger, Angehörige der jüdischen Priesterschaft, behaupteten, er habe sich als König der Juden bezeichnet. Nach damaligem jüdischen Recht ist dies Gotteslästerung, nach römischem Recht Hochverrat. Im Falle eines Schuldspruchs erwartet Jesus die Todesstrafe. Der von Kaiser Tiberius bestallte Procurator Pontius Pilatus muss zu einer Entscheidung kommen. Eigentlich liegt der Fall klar. Dennoch fragt Pilatus Jesus noch einmal, ob er tatsächlich ein König sei. Jesus bejaht und macht eine in dieser Situation erstaunliche Aussage. Er sei nämlich in die Welt gekommen, um für die Wahrheit Zeugnis abzulegen (μαρτυρήσω / *martyräso*). Pontius Pilatus ist ratlos. Seine Gegenfrage, was Wahrheit sei, lässt Jesus unbeantwortet.

Nach der Hinrichtung Jesu treten etliche seiner ehemaligen Jünger als Zeugnisableger (μάρτυροι / *martyroi*) dafür auf, dass Jesus als Sohn Gottes von den Toten auferstanden sei. Dieses Zeugnis wird schon bald eine Entscheidung auf Leben und Tod. Viele Christen halten den Druck nicht aus und schwören ihrem Glauben ab. Andere dagegen sind bereit, selbst grausamste Todesstrafen auf sich zu nehmen. Ihr mutiges Bekenntnis lässt sie zu Blutzeugen, zu *Märtyrern* werden. Die frühe Kirche wird sie später als Heilige verehren.

Über die Christen kursierten damals die wildesten Gerüchte. Von Kindermord war die Rede, von Kannibalismus und blutrünstigen Ritualen. Sie galten als soziale Randgruppe. Der rechtliche Status als *religio illicita* verschärfte ihre Situation. Ein in solchen Fällen typischer (keineswegs auf Christen beschränkter) Prozess kam in Gang. Ihre Umgebung machte sie für alles verantwortlich, was schief lief. Manche Christen gingen deshalb in die Offensive und bezogen öffentlich Stellung zu den Vorwürfen. Man nennt sie *Apologeten* (Verteidiger). Der bekannteste von ihnen ist Tertullian. Ihn wirst du in diesem Lektionstext kennenlernen.

1. Erläutere den Bedeutungswandel des Begriffes *Märtyrer.*
2. Über die christlichen Märtyrer ist viel (auch Falsches!) geschrieben worden. Informiere dich genauer anhand von Nachschlagewerken.

Tertullian: Sind die Christen immer schuld?

Mosaik aus einer Dorfkirche in Griechenland. Der Fisch wurde von Christen als Erkennungszeichen gebraucht.

Illī[1] ad odium dēfendendum praetexunt[2] omnis pūblicae clādis, omnis populāris incommodī Chrīstiānōs esse in causam[3]. Sī Tiberis[4] ascendit in moenia, sī Nīlus[5] nōn ascendit in campōs, sī caelum stetit[6], si terra mōvit[7], sī famēs, sī luēs[8], statim: »Chrīstiānōs ad leōnem!« acclāmātur[9]. Tantōs ad ūnum?

1 **illī:** *gemeint sind die Gegner der Christen*
2 **praetexere,** texō: fälschlich behaupten
3 **in causam esse** + *Gen.:* die Ursache sein für
4 **Tiberis,** is *m.:* Tiber
5 **Nīlus,** ī *m.:* Nil
6 **caelum stetit:** das Wetter will nicht umschlagen
7 **movēre:** *hier:* beben
8 **luēs,** is *f.:* Seuche, Pest
9 **acclāmāre,** clāmō: boshaft rufen

Ōrō vōs, ante Tiberium[10], id est ante Chrīstī adventum, quantae clādēs et pauperibus et dīvitibus, et prīncipibus et īnfimīs, dēnique urbibus et tōtī orbī terrārum illātae sunt!

10 **Tiberius,** ī *m.: röm. Kaiser, reg. 14-37 n. Chr.*

Ubī vērō tunc ipsī deī vestrī? Nec Campānia[11] dē Chrīstiānīs in miseriīs ferendīs querēbātur, cum Pompēiōs[12] dē suō monte perfūdit[13] īgnis.

11 **Campānia,** ae *f.:* Kampanien, *Landschaft in Süditalien*
12 **Pompēiī,** ōrum *m. Pl.:* Pompeji, *79 n. Chr. durch den Ausbruch des Vesuvs zerstört*
13 **perfundere,** fundō, fūdī, fūsum: übergießen

Nēmō Rōmae deum vērum populī servandī causā adōrābat, cum Hannibal apud Cannās[14] Rōmānīs illam clādem maximam attulisset. Et tamen veterēs clādēs comparēmus: Leviōra nunc accidunt, ex quō[15] Chrīstiānōs ā deō ipsō orbis terrārum accēpit. Ex eō[16] enim et innocentia inīquitātēs[17] veterēs saeculī[18] temperāvit et Chrīstiānī dēprecātōrēs[19] deī ūnīus esse coepērunt.

14 **Cannae,** ārum *f. Pl.: Ort in Kampanien, 216 v. Chr. Schauplatz einer röm. Niederlage gegen Hannibal*
15 **ex quō:** seit 16 **ex eō:** seitdem
17 **inīquitās,** ātis *f.*: Ungerechtigkeit
18 **saeculum,** ī *n.*: *hier:* Welt
19 **dēprecātor,** ōris *m.*: Fürsprecher

Dēnique cum imber hībernus[20] dēfēcit et annus cūrae est, vōs dīvitēs cottīdiē cēnārum parandārum cupidī nūdipedālia[21] populō ad īram deōrum plācandam dēnūntiātis[22], caelum apud Capitōlium quaeritis, nūbila[23] ūlla dē laqueāribus[24] templōrum exspectātis, aversī ab ipsō et deō et caelō. Nōs vērō iēiūniīs[25] ferendīs āridī et omnī continentiā expressī[26], deī venerandī studiōsī caelum tundimus[27], deum tangimus et, cum misericordiam extorsimus[28] – Iuppiter laudātur.

20 **hībernus,** a, um: winterlich, Winter-
21 **nūdipedālia,** ium *n. Pl.*: Prozessionen mit nackten Füßen
22 **dēnūntiāre,** nūntiō: anordnen
23 **nūbila,** ōrum *n. Pl.*: Wolken
24 **laquear,** āris *n.*: getäfelte Decke
25 **iēiūnium,** ī *n.*: Fasten
26 **expressus,** a, um: *hier:* ausgemergelt
27 **tundere,** tundō: hämmern an, bestürmen
28 **extorquēre,** torqueō, torsī, tortum: entwinden, abringen

At illud dētrīmentum tōtīus reī pūblicae nēmō cōgnōscit, dē illā iniūriā cīvitātis nēmō cōgitat, cum tot iūstī impendimur[29], cum tot innocentēs ērogāmur[30]. Nōs autem sōlī innocentēs!

29 **impendere,** pendō: opfern
30 **ērogāre,** rogō: zugrunde richten

Vor dem Übersetzen

1. »Christianos ad leonem!« (Z. 6) Warum wird das verlangt? Suche im Text nach Anhaltspunkten für Gründe.
2. Suche im Text nach Begriffen aus dem Sachfeld »Katastrophen«.
3. Stelle Vermutungen über die Argumentation Tertullians an.

Nach dem Übersetzen

4. Wie charakterisiert Tertullian das Verhältnis Christen – Nichtchristen?
5. Erläutere Tertullians Gedankengang: Was möchte er erreichen und wie argumentiert er?
6. Beschreibe die stilistische Gestaltung des Textes.
7. Äußere Vermutungen, wie der Text auf die Zeitgenossen Tertullians gewirkt haben könnte.

Vokabeln

1. Folgende Sätze enthalten ein bislang nicht gelerntes Wort: contendere. Sieh im Wörterbuch nach, was es alles bedeuten kann, und wähle beim Übersetzen die jeweils passende Bedeutung.
   a) Tertullianus contendit, ut Christiani iniuriis liberarentur.
   b) Statim domum contendere debeo.
   c) Meam vitam cum tua contendere nolo.
   d) Hoc verum esse contendo.
   e) Romani cum Carthaginiensibus multis bellis contenderunt.

Carthaginienses, um *m.*: Karthager

Wortformen

2. Gib die Lernform folgender Formen an und bestimme sie kurz; nicht alle sind eindeutig.
   a) i – ii – nulli – ibi – dici – cibi – dei – diei – denti – hi – qui – cui
   b) soli – fieri – diviti – ipsi – mihi – pauperi – tui – ubi – uti – viri – abi
   c) paupere – aeque – ale – amice – amore – appare – bene – de – die
   d) voco – uno – tuo – timeo – sermo – sero – scio – religio

Syntax

3. Zeichne eine Satzbauskizze des zweiten Satzes (Z. 5-9).

4. Übersetze die folgenden Verbindungen.
   a) ad rem publicam administrandam – ad cenam parandam – de bello gerendo – amicae quaerendae causa – in agris colendis
   b) consilium relinquendae Italiae – diem rei gerendae constituere – studium multa agendi – studiosus rerum novarum cognoscendarum – in legibus scribendis – in itinere faciendo
   c) ad villam aedificandam – aquae bibendae cupidus – de consilio capiendo cogitare – ad medicum visitandum – de dono accipiendo narrare

administrare, ministro: verwalten

5. Übersetze.
   a) Ad patriam liberandam saepe belli geruntur.
   b) Seneca docet non multum necesse esse ad beate vivendum.
   c) In bello gerendo consuli neque fortuna neque virtus fuit.
   d) Utinam dicendi finem faciat!
   e) Caesar paratus erat ad rem publicam delendam.
   f) Urbis expugnandae causa Ulixes dolum invenit.

g) Optimi oratoris tanta est in dicendo gravitas, tanta iucunditas, tanta brevitas, ut multa possit efficere dicendo.

fortuna, ae *f.*: Glück – **orator,** oris *m.*: Redner – **gravitas,** atis *f.*: *Substantiv zu* gravis – **iucunditas,** atis *f.*: Anmut – **brevitas,** atis *f.*: *Substantiv zu* brevis

Formuliere eine oder mehrere Faustregeln, wie du die nd-Formen übersetzen kannst.

Übersetzung

6. Hier hat ein Schüler das Lateinische allzu wörtlich genommen. Verbessere die Übersetzungen und formuliere schöner.
   Beim die Enten Füttern träumte die Magd, sie sei ein Schwan. Beim Abwaschen des Geschirrs träumte sie, sie sei ein Fisch. Beim den Tisch Decken stellte sie sich vor, sie sei die Herrin. Beim endlich Schlafen gab sie Befehle.

7. Wähle einen Abschnitt des Lektionstextes aus, der dir besonders eindrucksvoll erscheint. Fertige eine Übersetzung an, die im Deutschen ebenso eindrucksvoll klingt. Überlege: Zu welchen besonderen Mitteln kannst du greifen, um wichtige Gedanken und Schlüsselworte besonders hervorzuheben?

8. Aus der Bibel: Die Beerdigung Jesu.
   Vielleicht kennst du diese Geschichte. Lies den Text einmal durch und suche nach Stichwörtern, die dir Hinweise geben, worum es geht.
   Schlage die Vokabeln, die du nicht aus dem Kontext erschließen kannst, im Wörterbuch nach. Übersetze dann und bemühe dich um angemessenes Deutsch.

   Ioseph accessit ad Pilatum et petivit corpus Iesu. Accepto corpore Ioseph involvit illud in sindone munda et posuit illud in monumento suo novo et advolvit saxum magnum ad ostium monumenti et abiit.
   Sero autem post sabbatum venerunt Maria Magdalena et altera Maria ad sepulcrum. Et ecce magnus terrae motus factus est: angelus enim Domini descendit de caelo et accedens revolvit lapidem. Et Angelus dixit mulieribus: Nolite timere! Scio enim vos Iesum, qui crucifixus est, quaerere. Non est hic: Surrexit enim, sicut dixerat. Venite, videte locum, ubi positus erat.

   Iesu: *Gen. von* Jesus

Interpretation

Als zu kompliziert gefürchtet, als *** gehasst, als Punkteholer geliebt – die Interpretationsaufgaben nach dem Übersetzungsteil einer Lateinarbeit. Hier findest du eine Anleitung zur Textanalyse – die Vorbereitung und Grundlage jeder Interpretation.

> **Leitfragen**
> 1. Was steht im Text? (W-Fragen: Wer? Wie? Was? Wo? Warum?)
> 2. Wie wird es dargestellt?
> 3. Warum wird es so und nicht anders dargestellt? (angestrebte Wirkung auf den Leser, Funktion bestimmter Elemente, Vielschichtigkeit)
> 4. Was bedeutet es für mich als Leser? – Stellung nehmen und werten.

Beispielinterpretation für den Lektionstext

1. Was steht im Text?
   - Wer? Unbenannter Sprecher, wahrscheinlich Tertullian.
   - Wann? Nach oder während der Regierungszeit von Tiberius.
   - Wo? Unbekannt, vermutlich in Rom.
   - Was sagt er? Christen schaden der Welt nicht nur nicht, sondern sie nützen ganz ungemein, da sie den besten Draht zum Himmel haben. Dafür dankt ihnen aber niemand!
2. Wie wird es dargestellt?
   - Der Sprecher steht auf der Seite der Christen. Er bezeichnet sie als zu Unrecht Beschuldigte.
   - Der Sprecher stellt die zu schnelle Strafforderung von Beschuldigern ironisch dar (*tantos ad unum*, Z. 10).
3. Warum so und nicht anders?
   - Tertullian will den Adressaten des Textes dazu bringen, Christen nicht mehr zu hassen. Ganz im Gegenteil unterstreicht er den Nutzen der Christen für die Welt. (Z. 40f.).
   - Zu diesem Zweck bemüht er sich, die Vorwürfe der *illi* (Z. 1) als vorgefasste Meinung darzustellen, die sie immer nur bestätigt sehen wollen (*ad odium defendendum*, Z. 1).
4. Stellungnahme
   - Du könntest aufgrund deines Wissens über die Antike Vermutungen anstellen, wie überzeugend Tertullian für seine Zeitgenossen gewesen sein könnte.
   - Oder du beurteilst Tertullians Argumentation aus deiner eigenen Perspektive: Überzeugt dich persönlich Tertullians Darstellung?

Ein Abbild des Himmels

Der Himmel auf Erden. – Wer träumte nicht davon? Verspricht uns jedoch einer das Blaue vom Himmel, reagieren wir eher skeptisch.

Nun lehren die Christen aber, dass das Himmelreich auf Erden bereits angebrochen sei. Allerdings sehen sie darin nicht nur eine Verheißung, sondern auch einen Auftrag.

Früher glaubte man, diesen Auftrag am ehesten durch Weltflucht und Askese erfüllen zu können. Davon war auch Benedikt überzeugt. Er wurde um 480 in Nursia geboren. Seine Eltern waren sehr wohlhabend. Sie schickten ihren Sohn zum Studium nach Rom. Angewidert vom dortigen Sittenverfall entschied er sich für ein Leben als Einsiedler.

Eines Tages bat man ihn jedoch, die Leitung einer nahegelegenen Klostergemeinschaft zu übernehmen. Nach Benedikts Auffassung sollte ein Kloster Abbild des Himmels sein. Da er aber wusste, dass es auch dort bisweilen sehr menschlich zugeht, stellte er Regeln für das Zusammenleben auf. Seine Mönche sollten zwölf Stufen der Demut durchlaufen. Ihrem Abt (von *abba* = Vater) gegenüber waren sie zu unbedingtem Gehorsam verpflichtet. Dieser sollte aus dem Kreise der Mönche gewählt werden. Als Stellvertreter Christi im Kloster hatte er freilich eine wichtige Vorbildfunktion.

Nur widerwillig folgten die Mönche den Regeln Benedikts. Sie intrigierten gegen ihn und versuchten sogar, ihn zu vergiften. Benedikt zog sich aus der Gemeinschaft zurück und gründete 529 in Montecassino ein Kloster nach seinen Vorstellungen. Das Neue: Die Gemeinschaft war wirtschaftlich völlig autonom und konnte sich so von äußeren Einflüssen fernhalten. Zudem brach Benedikt mit alten Traditionen, nach denen z.B. ein Mönchsgewand schmutzig zu sein hat und das Essen nicht schmecken darf. Er stellte Gotteslob (»ora«) und menschliche Arbeit (»labora«) gleichberechtigt nebeneinander und legte großen Wert auf die zu seiner Zeit oft verteufelte antike Bildung. Maßstab seiner *Regula* war die *humanitas*. Denn zwei Eigenschaften zeichnen seiner Meinung nach den Menschen vor der Schöpfung aus: seine Fähigkeit zur Gotteserkenntnis und seine geistige und körperliche Kreativität.

Projektarbeit: Die *Regula Benedicti* hat Geschichte geschrieben. Worin besteht ihre besondere historische wie inhaltliche Bedeutung?

Die Benediktregel

Monastēriō in monte Casīnō[1] conditō Benedictus[2] iuvenis hominibus praecepta sequenda dedit, quae monachī ōrdinis Benedictīnī[3] ūsque ad hunc diem observant.

1 **mōns Casīnus,** montis Casīnī *m.:* Montecassino, *Berg in Latium*
2 **Benedictus,** ī *m.:* Benedikt *(6. Jh. n. Chr.); Begründer des Mönchsordens der Benediktiner*
3 **Benedictīnus,** a, um: benediktinisch

Benedikt gründet Monte Cassino. Buchmalerei um 1480.

Ex rēgulā Benedictī

Gehorsam

Prīmus humilitātis[4] gradus est oboedientia sine morā. Haec oboedientia hīs praebenda est, quī Chrīstum vērē quaerere cupiunt. Iīs autem, quibus ad vītam aeternam gradiendī amor est, nōn suō arbitriō vīvendum est neque dēsīderia sua sequenda sunt neque voluptātibus suīs ab eīs pārendum est: Itaque abbātem[5] sibi praeficī cupiunt.

4 **humilitās,** ātis *f.:* Demut
5 **abbās,** abbātis *m.:* Abt

Sed haec ipsa oboedientia tunc acceptābilis[6] erit Deō, sī id, quod iubētur, sine morā aut murmure[7] efficiātur, quia oboedientia, quae magistrīs praebētur, Deō praebētur. Et oboedientia discipulīs bonō cum animō praebenda est.
Nam,
cum malō animō sī oboedit discipulus,
etiam sī impleat iussiōnem[8],
id tamen acceptum nōn erit Deō,
quī cor eius videat murmurāns[9];
et prō tālī factō nūlla sequitur grātia.

6 **acceptābilis,** e: wohlgefällig
7 **murmur,** is, *n.*: Murren
8 **iussiō,** ōnis *f.*: Befehl, Anordnung
9 **murmurāre,** murmurō: murmeln, murren

Müßiggang

Ōtiōsitās[10] inimīca est animae, et itaque certīs temporibus occupārī dēbent frātrēs in labōre manuum, certīs iterum hōrīs in lēctiōne[11] dīvīnā.
Ante omnia quidem ēligantur ūnus aut duo seniōrēs,
quī videant,
nē frāter inveniātur,
quī in lēctiōne[11] dīvīnā occupātus[12] esse dēbeat,
quī vacat ōtiō aut fābulīs.
Seniōrēs eōs, quī in illā rē peccāverint, abbātī[5] pūniendōs trādant.

10 **ōtiōsitās,** ātis *f.*: Müßiggang, Untätigkeit
11 **lēctiō,** ōnis *f.*: Lektüre
12 **in … occupātus:** mit etwas beschäftigt

Eigentum

Nōn licet aliud habēre proprium, nūllam omnīnō rem. Omnia vērō necessāria ā patre exspectanda sunt monastēriī, nec quicquam liceat habēre, quod abbās[5] nōn dederit aut permīserit.

Vor dem Übersetzen

1. Benenne die Konnektoren und ihre Funktion.

Nach dem Übersetzen

2. Was versteht Benedikt unter Gehorsam und wie begründet er die Notwendigkeit unbedingten Gehorsams?
3. Beschreibe den Alltag der Mönche.
4. Welchem Ziel dient das Leben nach der Benediktregel?

Vokabeln

1. Erstelle eine Mind Map zum Thema Christentum.

2. Auf den Zusammenhang kommt es an! Wähle unter den verschiedenen Bedeutungen des Wortes »pars« die, die am besten in den Zusammenhang passt und übersetze.
   a) Pars hominum orationem Ciceronis laudavit.
   b) Avis a sinistra parte advolavit.
   c) Cicero suas partes bene implevit.
   d) Cicero non a parte Caesaris fuit.
   f) Puer cenam magna ex parte edit.
   g) Ego pro mea parte eam rem recusare debeo.

avis, is *f.*: Vogel – **sinister,** tra, trum: links – **edere,** edo, edi, esum: essen – **recusare:** zurückweisen

Wortformen

3. Ein Wort passt aus grammatischen Gründen nicht in die Reihe. Suche das »schwarze Schaf« und begründe deine Antwort.
   a) fecerim – exspectaverimus – poterimus – delectaveritis – fuerimus
   b) facias – addas – temperamus – ambularem – eam – consuluissemus
   c) biberam – servivisti – quaesiverant – reppulisset – scribo

4. Suche alle Konjunktivformen heraus und entscheide: Konjunktiv Präsens, Perfekt, Imperfekt oder Plusquamperfekt? Die Anfangsbuchstaben der Konjunktivformen ergeben das Lösungswort.
   queror, monuerit, utitur, accendi, observavissem, nolueris, avertunt, animadverteret, constituit, subisset, intulerunt, tradant, essemus, fundit, repelleres, incipiam, continetur, privamus, utatur, miserit

Syntax

5. Übersetze die folgenden Gerundivkonstruktionen.
   a) Tibi librum legendum do. – Liber tibi legendus est. – ad librum legendum – libri legendi causa – de libro legendo
   b) Abbati a fratribus oboedientia praebenda est. – Benedictus de oboedientia praebenda scribit. – Praecepta abbatis fratribus neglegenda non sunt. – Seniores fratrem abbati puniendum tradunt.
   c) Fratribus orandum et laborandum est. – Mihi agendum est. – Ius omnibus colendum est. – Dei vobis colendi sunt. – Id neglegendum non est.

abbas, atis *m.*: Abt

6. Übersetze und achte dabei besonders auf das Zeitverhältnis.
   a) Seneca, cum nihil malum fecisset, tamen mortem obire debebat. Amici eius maesti erant et ex eo quaesiverunt, quid fecisset et cur a Nerone capiti damnatus esset. Seneca respondit se esse innocentem, sed se mortem non timere. Tum amicis dixit, quid de morte sentiret.
   b) Seneca, cum nihil malum fecerit, tamen mortem obire debet. Amici eius maesti sunt et ex eo quaerunt, quid fecerit et cur a Nerone capiti damnatus sit. Seneca respondit se esse innocentem, sed se mortem non timere. Tum amicis dicit, quid de morte sentiat.

   Worin unterscheidet sich die zweite Fassung von der ersten? Erkläre den Unterschied in eigenen Worten und formuliere eine Regel.

7. Übersetze. Gib die semantische Funktion der kursiv gedruckten Satzglieder an: kausal, konzessiv, final, konsekutiv.
   a) *Quamquam Christiani nullam iniuriam fecerunt*, a Saturnino damnantur.
      Christiani, *qui nullam iniuriam fecerint*, a Saturnino damnantur.

      Christiani, *cum deo uni servire malint*, per genium imperatoris non iurant.
      Christiani, *qui deo uni servire malint*, per genium imperatoris non iurant.

      Saturninus Christianos duci iussit, *ut statim decollarentur*.
      Saturninus Christianos, *qui statim decollarentur*, duci iussit.

   b) Christiani, *qui deum unum timeant*, imperatorem non venerantur.
      Christiani nullum alium habent, *quem timeant*.

      Saturninus facultatem deliberandi Christianis, *qui omnia recordentur*, dat.
      Christiani, *quibus Saturninus moram triginta dierum det*, deliberare nolunt.

decollare, collo: enthaupten

Sprachreflexion

8. Überlege, welche Möglichkeiten es im Deutschen gibt, Gebote bzw. Verbote auszudrücken, und wie verpflichtend sie jeweils sind.

Latein – Stammbaum

Du hast in den Lektionen dieses Buches immer wieder auf die Entwicklung der lateinischen Sprache und auch auf ihr Fortleben in den modernen Sprachen geschaut. Latein gehört zur Sprachfamilie der indogermanischen Sprachen.

Aus dem Lateinischen haben sich die sogenannten romanischen Sprachen entwickelt: Italienisch, Spanisch, Französisch, Portugiesisch und Rumänisch. Etwa 90 % des Wortschatzes dieser Sprachen stammen aus dem Lateinischen! Das bedeutet natürlich, dass du dank deiner lateinischen Vokabelkenntnisse diese Sprachen leichter lernen kannst.

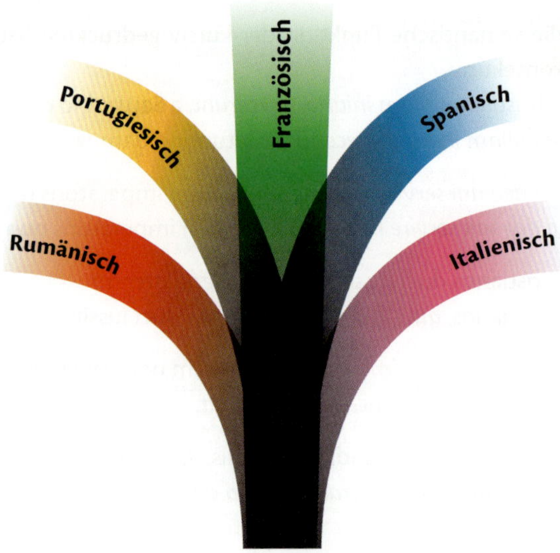

Auch das Deutsche und vor allem das Englische ist stark beeinflusst von Latein. Der englische Wortschatz hat sogar zu 50 % lateinische Wurzeln!

Ins Deutsche sind lateinische Wörter in verschiedenen Phasen eingeflossen: Früh übernommen wurden meist Alltagswörter, manche sogar mehrfach: Aus der lateinischen »cella« wurde im Deutschen zum einen der »Keller«, zum anderen die »Zelle«. Solche Wörter sind aus dem Lateinischen entlehnt; man nennt sie Lehnwörter. Spät übernommene Wörter haben sich nicht mehr an die deutsche Sprache angepasst und kommen uns daher »fremd« vor: die Fremdwörter. Sie werden häufig auch in wissenschaftlichen Zusammenhängen benutzt.

Leite die Bedeutung folgender französischer Wörter aus dem Lateinischen her:
la nuit – la vie – montrer – le silence – un homme – la victoire

Rauf – runter – rauf

… Pünktchen obendrauf. – Fertig ist das *i*, der erste Buchstabe, den unsere Urgroßeltern schreiben lernten. Die Bezeichnung i-Dötzchen erinnert daran. Man nannte diese Schrift nach ihrem Erfinder Sütterlin. Heute können wir sie einfach über den PC verwenden, *ohne sie tatsächlich lesen oder schreiben zu können.*

Die Umsetzung von Sprache in Schrift ist eine der größten Kulturleistungen der Menschheit überhaupt. Nun ließen sich Wissen und Gedanken eines Volkes für kommende Generationen archivieren. Voraussetzung ist allerdings, dass man die Schrift lesen – oder noch besser – auch schreiben kann. Die *Paläographie* (Wissenschaft von alten Schriften) ist daher ein wichtiger Teilbereich der Geschichte und Archäologie.

Heute erlaubt die moderne Printtechnik das schier unbegrenzte Kopieren von Schriftgut. Gutenberg sei Dank! Vorher musste alles mühevoll von Hand geschrieben werden. In der Antike gab es dafür professionelle Abschreiber. Ihre Arbeitsutensilien waren *Papyrus*, *Pergament*, eine angespitzte Feder und Tinte. Geschrieben wurde auf Schriftrollen, die in Kapseln verwahrt wurden. Gelegentlich verwendete man Holz- oder Tontäfelchen. Später ersetzten *Kodice*s, die Vorgänger unserer modernen Bücher, die unpraktischen Rollen.

Seit dem frühen Mittelalter fertigten die Benediktinerklöster Abschriften (dank der Weitsicht ihres Gründers auch »heidnischer«) lateinischer Literatur an. Es waren vor allem die benediktinischen Mönche Südenglands, die in den Stürmen der Völkerwanderung das Erbe der Antike bewahrten. Sie brachten ihr Wissen später aufs Festland und legten so den Grundstein für die Bildungsreform Karls des Großen. Zu seiner Zeit verfügten viele Klöster bereits über umfangreiche Bibliotheken. Ein Phänomen überdauerte dabei allerdings die Jahrhunderte – die Neigung zu Fehlern beim Abschreiben!

1. Paläographie – Papyrus – Pergament – Kodex. Erläutere diese Begriffe aus dem Text und erweitere deine Kenntnisse mithilfe von Nachschlagewerken.
2. Ein wichtiger Teilbereich der Handschriftenkunde ist die Textkritik. Informiere dich über Aufgaben und Arbeitsweisen.

Antronius und Magdalia

Antrōnius[1]: Suppelex[2] tua mihi nōn placet.

Magdalia[3]: Quamobrem?

Antrōnius: Quia librōrum Latinōrum[4] plēna sunt omnia. Sed nōn est muliebre sapere: Dominārum est suāviter vīvere. Librī vītam suāviōrem nōn reddunt.

Magdalia: Nē hoc dīxeris! Nōnne omnium est bene vīvere?

Antrōnius: Ita.

Magdalia: Quibus ergō in rēbus vīta bona posita est?

Antrōnius: In somnō, in convīviīs, in lībertāte faciendī, quae cupis, in pecūniā, in honōribus.

Magdalia: Sī hoc dīcis, vehementer errās. Nam sī istīs rēbus Deus addiderit[5] sapientiam, nōnne vīvēs multō melius suāviusque?

Antrōnius: Quid tū appellās sapientiam?

Magdalia: Hoc est, sī intellegerēs hominem nōn esse fēlīcem nisī bonīs animī.

Antrōnius: Vīta hominum tuā sapientiā suāvior nōn fit. Suāve est vēnārī, āleā[6] ludere, in convīviīs esse, vīnum bibere, colloquia inter amīcōs habēre.

Magdalia: Īnfēlīx essem, sī ista vīta mihi agenda esset.

Antronius: Egō autem nōn vīverem, sī illīs voluptātibus prīvārer. Utique monachī meī librōs nōn legere iussī sunt …

Magdalia: Sed dīc mihi: Nōnne mātrōnae est sapienter administrāre rem domesticam, sapienter ēducāre līberōs?

Antrōnius: Est.

Magdalia: At hanc sapientiam docent mē librī Latīnī[4].

Antrōnius: Lingua autem Latīna[4] mātrōnās

1 **Antrōnius,** ī *m.: Abt*
2 **supellex,** ctilis *f.:* Hausrat, Einrichtung
3 **Magdalia,** ae *f.: vornehme Dame*
4 **Latīnus,** a, um: lateinisch
5 **addiderit:** *Fut. 2 von* addere; *übersetze mit Perf.*
6 **ālea,** ae *f.:* Würfel

puellāsque minimē decet. Nam neque philosophīs neque poētīs Latīnīs fidēs habenda est: Aliī aliud dīcere trāduntur atque[7] facere, aliī semper amōrem praedicāre, pudōrem tollere, deōs contemnere intelleguntur. Quā rē fit, ut mulierēs ērudītae nōn iam pāreant et officiōrum suōrum oblīvīscantur. Familiāritās librōrum Latīnōrum parit īnsāniam[8]. Nam istī librī fēminīs multum ratiōnis adimunt – et illīs iam parum superest.

Magdalia: Nē fēminās contempseris! Sī – ut dīcunt – tacuissēs, philosophus mānsissēs …

7 **aliud atque:** anderes als

8 **īnsānia,** ae *f.*: Verrücktheit, Wahnsinn

Vor dem Übersetzen

1. Antronius und Magdalia haben recht unterschiedliche Lebensauffassungen: Suche auch mithilfe deines Vokabelverzeichnisses Begriffe, die diese Lebensauffassungen illustrieren.

Nach dem Übersetzen

2. Sammle aus dem Text die lateinischen Ausdrücke, die bezeichnen, was Magdalia und Antronius jeweils unter *suaviter et bene vivere* verstehen.
3. Welche Einstellung hat Magdalia zum Lesen, welche Antronius? Welche hast du?

Bibliothek des Kusanusstifts in Bernkastel.

Vokabeln

1. Schreibe eine Geschichte (auf Deutsch), in der die folgenden Vokabeln (auf Lateinisch) vorkommen.

   muliebris, decet, sapere, eruditus, intellegere, pudor, convivium, administrare, praedicare

2. Erstelle ein Sachfeld »Frauen«; führe dir dazu auch Frauengestalten früherer Lektionen vor Augen.

3. Versuche, aus dem Zusammenhang zu erschließen, was die unterstrichenen, bisher unbekannten Vokabeln bedeuten könnten. Schlage sie erst dann im Wörterbuch nach und übersetze.
   a) Antronius voluptatum et <u>oblectationum</u> variarum cupidus fuisse dicitur.
   b) Antronius quemquam <u>doctiorem</u> <u>prudentiorem</u>que quam se esse non vult.
   c) Si tibi sapientia sit, nonne vivas suaviter et <u>iucunde</u>?
   d) Antronius vitam mulierum sapientium et <u>litterarum</u> <u>peritarum</u> novisse non videtur.
   e) Antronius linguam Latinam mulieres <u>verecundas</u> decere negat.

Wortformen

4. Sortiere die Konjunktiv-Formen in folgende Tabelle ein:

Konjunktive der Gleichzeitigkeit (Präsens, Imperfekt)	Konjunktive der Vorzeitigkeit (Perfekt, Plusquamperfekt)

   conderet – placavissent – timeremus – adveniam – tacuerit – cupias – tangerent – delevisset – sequatur – usus sit – videretur – praedicaverit – animadvertant – occupaveritis – cogitet – negavisses

5. Stammformenquiz: Gib den Infinitiv an und bestimme folgende Formen.

   traxerunt – factos – habuisse – relatum est – dixissent – soliti sunt – mansit – gavisus est – cesserunt – promisi – iusserimus – posuisti – possit – coepissem – dederit – vici – credidisse – scriptum – potuerunt – missi – rettulerunt – gesserat – cucurrit – interfectus est – sublatos – tulisset – actum

Syntax

6. Vergleiche und übersetze.
   a) Plinius epistulam ad Traianum scripsisse traditur.
   Plinium epistulam ad Traianum scripsisse novimus.
   b) Plinius de Christianis tractandis dubitavisse videtur.
   In ea epistula Plinium de Christianis tractandis dubitavisse legimus.
   c) Plinius officia sua optime implere dicitur.
   Multi homines honesti Plinium officia sua optime implere dicunt.
   d) Plinius Christianos nonnullos ad supplicium duci iussisse traditur.
   Plinium Christianos nonnullos ad supplicium duci iussisse scimus.
   e) Plinius homo eruditus fuisse dicitur.
   Plinium hominem eruditum fuisse novimus.

epistula, ae *f.*: Brief

7. Übersetze die Bedingungssätze.
   a) Nisi libros legerem, infelix essem.
   b) Si Antronius tacuisset, philosophus mansisset.
   c) Si libri homines feliciores redderent, omnes eos legerent.
   d) Si homines sapientes essent, bella non gererent.
   e) Si homines sapientes fuissent, multa bella non gessissent.

Übersetzung

8. Gib die Prohibitive in ausdrucksstarkem Deutsch wieder.
   a) Ne clamaveritis!
   b) Ne veneris!
   c) Ne me deceperis!
   d) Ne id temptaveris!
   e) Ne questus sis!
   f) Ne id feceritis!
   g) Ne me incitaveritis!
   h) Ne me deserueritis!
   i) Ne bella gesseritis!
   j) Ne gratias egeris!

Wortbildung

Übung, Heizung, Ausbildung, Planung – im Deutschen kennst du viele Substantive dieser Art. Vielleicht ist dir schon aufgefallen, was sie verbindet: Alle sind weiblich. Gebildet werden sie von einem Verb, indem man an den Stamm die Endung »-ung« anhängt.

Auch im Lateinischen gibt es solche Regelmäßigkeiten. Wenn du sie kennst, kannst du von vielen Wörtern die Bedeutung erschließen – und weißt oft ganz automatisch auch das Geschlecht.

-tor (z.B. victor, orator, actor)
Diese Substantive werden von Verben abgeleitet und immer vom PPP gebildet. Die maskuline Form endet auf *-tor*, die feminine auf *-trix*. Sie bezeichnen immer jemanden, der etwas tut:
orator: einer, der redet (von *orare*)
actor: einer, der handelt (von *agere*, PPP *actum*)

-io (z.B. actio, ratio, oratio, defensio)
Diese Substantive bezeichnen eine Handlung und sind immer feminin.

-tudo, tudinis / -tus, tutis / -tas, tatis (z.B. beatitudo, iuventus, libertas)
Diese Substantive sind Abstrakta und bezeichnen oft Eigenschaften. Sie sind von Adjektiven abgeleitet und immer feminin.

Auch bei Adjektiven und Verben kann dir dein Wissen helfen, die Bedeutung eines Wortes zu erschließen:

Adjektive auf -(b)ilis
bezeichnen eine Möglichkeit, etwas zu tun, z.B.:
credibilis: glaub- haft
mobilis: beweg- lich

Verben auf -scere
bezeichnen den Beginn einer Handlung, z.B.:
cognoscere: kennenlernen

Verben auf -tare
bezeichnen die Intensivierung einer Handlung (Verstärkung / Wiederholung).
dictitare: immer wieder sagen

Lateinamerika

Das klingt nach Urlaub, Samba und Karibik. Aber was hat das mit Lateinunterricht zu tun? Als Columbus am 12. Oktober 1492 amerikanischen Boden betrat, ahnte niemand, dass sich in diesem Augenblick die Welt verändern würde. Er war nach Westen aufgebrochen, um einen Seeweg nach Indien zu suchen. Ein kühnes Unterfangen, vergleichbar der ersten Mondlandung. Erstmalig wurde das bis dahin nur theoretische Wissen von der Kugelgestalt der Erde auch praktisch erprobt.

Reich beladen kehrte Columbus 1493 nach Spanien zurück. Die neu entdeckten Gebiete sprach die Kirche der spanischen Krone zu. Spanisch wurde Amtssprache. Daraus resultiert die Bezeichnung Lateinamerika für alle spanisch sprechenden Länder Mittel- und Südamerikas. In der Folgezeit zogen *Conquistadores* (spanisch für Eroberer) nach Amerika. Sie hatten es vor allem auf die reichen Goldvorräte abgesehen. Als »gute« Christen glaubten sie sich allerdings berechtigt, die nichtchristliche Urbevölkerung unterwerfen und ihre Lebenswelt zerstören zu dürfen. Nur wenige Jahre nach ihrer Entdeckung ging so eine jahrhundertealte Kultur für immer verloren.

Wie sich die Geschichte doch gleicht. Hatten einst die Römer aus einem kulturellen Überlegenheitsgefühl Traditionen und Werte ganzer Völker vergessen gemacht, so waren es nun ihre christlichen Erben, die in blinder Überheblichkeit das Zerstörungswerk fortsetzten. Diese Schattenseite abendländischer Geschichte darf auch ein Lateinunterricht nicht leugnen. Zentrale Werte antiken Denkens wie *libertas* und *humanitas* wurden immer wieder aufs Spiel gesetzt. Zum Glück fehlte es nie an kritischen Stimmen. Für die Neuzeit war es der Dominikanermönch Bartolomé de Las Casas, der 1550 in einem Streitgespräch das Verhalten der Conquistadores anprangerte. Sein Mitbruder Sepulveda hatte den Indios jegliche Zivilisation abgesprochen und unter Hinweis auf Aristoteles das gewaltsame Vorgehen gerechtfertigt. Las Casas betonte dagegen das Sozialverhalten der Indios und die Überlegenheit ihrer Gesetzgebung gegenüber der der Spanier. Sie hätte sogar bei den Philosophen Athens Bewunderung hervorgerufen. Las Casas wurde nicht müde, sich für eine menschliche Behandlung der Indios einzusetzen. Allmählich bewirkte er ein Umdenken. Sein Verhalten hat noch heute Vorbildcharakter.

Die Entdeckung Amerikas – Segen oder Fluch? Diskutiert in der Klasse. Informiere dich dazu auch über die altamerikanische Kultur.

Christophorus Columbus

Ex Chrīstophorī Columbī epistulā

Trīcēsimō[1] tertiō diē, postquam Gādibus[2] discessī, in mare Indicum[3] pervēnī, ubī plūrimās īnsulās innumerīs[4] habitātās hominibus repperī. Quārum omnium prō Ferdinandō[5], fēlīcissimō Rēge nostrō, contrādīcente[6] nēmine possessiōnem accēpī.

Incolae utrīusque sexūs nūdī semper incēdunt praeter aliquās fēminās, quae foliīs[7] pudenda[8] tegunt.
Saepe ēveniēbat[9],
cum mīsissem duōs vel trēs hominēs ex meīs
ad aliquās vīllās[10],
ut cum eārum loquerentur incolīs,
exīsse Indōs[11] et,
cum nostrōs appropinquāre vīdissent,
fugam celeriter arripuisse.
Iīs autem, quibuscum verbum facere potuī, ea, quae habēbam, dedī: pannum[12] et permulta alia.

Cēterum, ubī sē crēvērunt tūtōs, omnī metū repulsō erant admodum simplicēs ac līberālissimī.

Nūllam hī nōvērunt īdolōtrīam[13]. Immō firmissimē crēdunt omnem vim, omnem potentiam, omnia dēnique bona esse in caelō mēque inde cum meīs nāvibus et nautīs dēscendisse. Quae rēs ūtilissima est eōrum ad sānctam Chrīstī fidem conversiōnem.[14]

Dēnique hoc polliceor: Egō, cum reverterō, cum nāvēs meae salvae[15] in patriam redierint, nostrō Rēgī invictissimō[16] tantum aurī dabō, quantum ei fuerit opus[17], tantum vērō arōmatum[18], bombȳcis[19], mastichis[20], tantum servōrum quantum eōrum Māiestās voluerit exigere …

1 **trīcēsimus,** a, um: dreißigster
2 **Gādēs,** ium *f. Pl.:* Cadiz, *Stadt in Spanien*
3 **Indicus,** a, um: indisch
4 **innumerus,** a, um: unzählig
5 **Ferdinandus,** ī *m.:* Ferdinand II., *1479–1516 König des vereinten Spaniens*
6 **contrādīcere,** dīcō, dīxī, dictum: widersprechen
7 **folium,** i *n.:* Blatt
8 **pudenda,** ōrum *n.:* Scham
9 **ēveniēbat** *hier + aci:* es ereignete sich
10 **vīlla,** ae *f.: hier:* Dorf
11 **Indī,** ōrum *m. Pl.:* Inder
12 **pannus,** ī *m.:* Tuch
13 **īdōlatrīa,** ae *f.:* Götzendienst
14 **conversiō,** ōnis *f.:* Bekehrung
15 **salvus,** a, um: wohlbehalten
16 **invictus,** a, um: unbesiegbar
17 **opus est:** *hier + Akk.*
18 **arōma,** arōmatis *n.:* Gewürz
19 **bombȳx,** ȳcis *m.:* Seide
20 **mastix,** stichis *f.:* Mastix(harz)

Vor dem Übersetzen

1. Verschaffe dir einen ersten Überblick: An welchen Stellen erzählt Kolumbus von sich, wo geht es um die *incolae*?

Nach dem Übersetzen

2. Welche Verhaltensweisen der *incolae* findet Kolumbus besonders bemerkenswert?
3. Erläutere die Einstellung des Kolumbus gegenüber den *incolae.* Belege deine Ansicht mit lateinischen Zitaten aus dem Text.

Ein historischer Bericht

Trāditum est
Chrīstophorum Columbum trīcēsimō[1] tertiō diē,
postquam Gādibus[2] discessisset,
ut ad Indōs nāvigāret,
in mare,
quod ab illō Indicum[3] appellābātur,
pervēnisse
et aliquārum īnsulārum possessiōnem accēpisse.
Cum īnsulam, cui nōmen Iohannae dedisset, appulisset[4], incolās tam territōs esse, ut fugam arriperent.

Columbus scrībit incolās, quī illam īnsulam habitent, omnī metū repulsō līberālissimōs esse; illōs sibi suīsque omnia, quae ab illīs optāta essent, dedisse; incolās praetereā crēdere Hispāniēnsēs[5] deōs esse, quī ē caelō dēscenderint. Itaque facillimum fore, ut illōs ad Chrīstī fidem convertat. In extrēmā epistulae parte Columbus pollicētur sē post reditum[6] rēgī tantum aurī datūrum esse, quantum illī fuerit opus.

1 **trīcēsimus,** a, um: dreißigster
2 **Gādēs,** ium *f. Pl.:* Cadiz,
3 **Indicus,** a, um: indisch
4 **appellere,** pellō, pulī, pulsum + *Akk.:* an Land gehen
5 **Hispāniēnsēs,** ium *m. Pl.:* Spanier
6 **reditus,** ūs *m.:* Rückkehr

Vor dem Übersetzen

1. Benenne inhaltliche Parallelen zu Text 1.
2. In welcher syntaktischen Form erscheinen diese Informationen hier?

Vokabeln

1. Sortiere die folgenden Substantive nach Deklinationsklassen und gib ihre Bedeutung an.

o	a	e	kons.	u	i

insula, ratio, imber, mulier, mare, clades, incola, auris, ritus, corpus, convivium, sexus, sanguis, pudor, vis, gradus, aer, cor, manus, onus, spes, ars, genus, opus, aedes, fanum, iter, auxilium, ager, domus, dominus

Wortformen

2. Schüttelwörter: Suche aus dem Durcheinander jeweils fünf korrekte Formen von »mare« und »turris« heraus.
   arm-rima-arima-rertu-rirtu-orrut-mororut-muriam-amrum-erma-rutur-burasim-burrisut-miram-sertur-urrut-irurmt-arummar-murirut-rum

3. Bilde Paare vom selben Verb im Futur I und Futur II.

Futur I	Futur II
agam, ero, agar, fiam, delebo, faciam, dabo	fuero, dedero, fecero, actus ero, delevero, factus ero, egero

4. Bestimme die Formen; oft gibt es mehrere Möglichkeiten.
   a) extremi – converti – facili – vi – iuventu – mari – celeri – utrique – reperi – repperi – perveni – permulti – crevi – cerni – descendi – liberali – polliceri
   b) converte – inde – pollicere – utile – mare – celere – tute – nude – incede
   c) exactum – marium – ceterum – maiestatum – sexum – repertum – trium – permultorum – admodum – liberalium – nudum

Syntax

5. Übersetze und denke dir passende deutsche Satzhälften aus.
   a) Si amicus me iterum deseret, ...
   b) Cum hodie officia mea implevero, ...
   c) Cum artem bonam consecutus ero, ...
   d) Cum tributa beneficia mihi erunt, ...
   e) Cum mortuus ero, ...

ars, artis *f.*: *hier*: Beruf – **consequi,** sequor, secutus sum: unmittelbar (nach)folgen; erlangen, erreichen – **tributa beneficia,** orum *n.*: Rente – **mortuus**, a, um: tot

6. Oratio obliqua: Übersetze und versuche, mit eigenen Worten eine Regel fürs Übersetzen zu formulieren.
   a) Plinius: »Omnia, de quibus dubito, ad te, domine, referro.«
   Plinius scribit se omnia, de quibus dubitet, ad Traianum referre.
   Plinius scripsit se omnia, de quibus dubitaret, ad Traianum referre.
   b) Tiberius Gracchus: »Romam veni, ut populo Romano dignitatem, honorem, libertatem redderem.«
   Tiberius Gracchus dixit se Romam venisse, ut populo Romano dignitatem, honorem, libertatem redderet.

7. Übersetze, was Sokrates über sterbende Schwäne erzählt. Der Text ist dir vielleicht aus Lektion 18 bekannt. Hier steht er in der indirekten Rede.
   Cum hora mortis advenisset, Socrates amicis narravit cygnos, cum sentirent mortem appropinquare, pulcherrima voce cantare. Quos gaudere se ad illum deum redituros esse, cui viventes servivissent. Homines autem non intellegere et putare cygnos ex tristitia cantare. Sed aves numquam cantare, cum fame aut dolore premerentur.
   Socrates dixit itaque se credere cygnos tam pulcherrime cantare, cum iam ante oculos haberent vitam beatam post mortem futuram.

   cygnus, i *m.*: Schwan – **tristitia**, ae *f.*: Traurigkeit – **avis**, is *f.*: Vogel – **premere**, premo, pressi, pressum: drücken, drängen

8. Übersetze.
   Die Helvetier hatten einen Gesandten zu Caesar geschickt, der den Römern ein Friedensangebot unterbreitete.
   His Caesar ita respondet: Si obsides ab iis sibi dentur, ut ea, quae polliceantur, facturos intellegat, se cum iis pacem esse facturum.
   Legatus Helvetiorum respondet: Ita Helvetios a maioribus instructos esse, ut obsides accipere, non dare soleant: eius rei populum Romanum esse testem. Hoc responso dato discedit.

   obses, sidis *m. und f.*: Geisel – **pax**, pacis *f.*: Friede – **legatus**, i *m.*: Gesandter – **testis**, is *m. und f.*: Zeuge – **responsum**, i *n.*: Antwort

Übersetzung

9. Was ist gutes Deutsch – und warum?
   Die Kanzlerin sagte, sie war überrascht, als … – Die Kanzlerin sagte, sie sei überrascht gewesen, als … – Die Kanzlerin sagte, sie ist überrascht, als …

Oratio obliqua

Oratio obliqua – das hört sich nach Fachchinesisch an. Oft ist sie verschrien als schrecklich schwer, doch zu Unrecht: Es gibt nur wenige, sehr klare Regeln, und schon kannst du die indirekte Rede im Lateinischen.

Doch zuerst: Wozu brauche ich die indirekte Rede? – Wenn du erzählen möchtest, was jemand anderes dir gesagt hat, dann benutzt du die indirekte Rede.

1. Meist verwendest du einen einleitenden Satz, der deutlich macht, dass du im Folgenden die Aussage einer anderen Person wiedergeben wirst: »Meine Freundin hat mir erzählt, dass …«

Das ist auch im Lateinischen so; an dieser Einleitung kannst du leicht erkennen, dass im Folgenden etwas in indirekter Rede erzählt wird. Manchmal allerdings ist diese Einleitung eher versteckt zwischen den Zeilen, sodass du in einem solchen Fall in die indirekte Rede hineinstolperst.

2. Für das, was folgt, gelten klare Regeln:

a) Alle Hauptsätze werden in der *oratio obliqua* als *aci* wiedergegeben.
Je nachdem, ob die Handlung gleichzeitig, vorzeitig oder nachzeitig ist, steht Infinitiv Präsens, Infinitiv Perfekt oder Infinitiv Futur.

Beispiel für die Gleichzeitigkeit:

direkte Rede	Tantalus:	»Beatus sum.«
indirekte Rede	Tantalus dicit / dixit	se beatum esse.
	Tantalus sagte(e),	dass er glücklich sei.

Beispiel für die Vorzeitigkeit:

direkte Rede	Orpheus:	»Ante Eurydicae mortem beatus fui.«
indirekte Rede	Orpheus dicit / dixit	se ante Eurydicae mortem beatum fuisse.
	Orpheus sagte(e),	dass er vor Eurydikes Tod glücklich gewesen sei.

Beispiel für die Nachzeitigkeit:

direkte Rede	Plinius:	»Epistulam scribam.«
indirekte Rede	Plinius dicit / dixit	se epistulam scripturum esse.
	Plinius sagt(e),	dass er einen Brief schreiben werde.

b) Alle Gliedsätze und Fragen stehen im Konjunktiv. Die Zeitengebung richtet sich nach den Regeln der *consecutio temporum*.
Für dich wichtig bei der Übersetzung ist vor allem das Zeitverhältnis: Ist die Handlung gleichzeitig oder vorzeitig?

gleichzeitig:	Konjunktiv Präsens / Konjunktiv Imperfekt
vorzeitig:	Konjunktiv Perfekt / Konjunktiv Plusquamperfekt

Beispiel für die Gleichzeitigkeit:

direkte Rede	Tantalus: »Beatus <u>sum</u>, quod cum deis cenare <u>possum</u>.«
indirekte Rede	Tantalus <u>dicit</u> se beatum <u>esse</u>, quod cum deis cenare <u>possit</u>.
	Tantalus <u>dixit</u> se beatum <u>esse</u>, quod cum deis cenare <u>posset</u>.
	Tantalus sagt(e), dass er glücklich sei, weil er mit den Göttern speisen könne.

Beispiel für die Vorzeitigkeit:

direkte Rede	Orpheus: »Maestus <u>sum</u>, quod Eurydica mortem obiit.«
indirekte Rede	Orpheus <u>dicit</u> se maestum <u>esse</u>, quod Eurydica mortem <u>obierit</u>.
	Orpheus <u>dixit</u> se maestum <u>esse</u>, quod Eurydica mortem <u>obisset</u>.
	Orpheus sagt(e), dass er traurig sei, weil Eurydike gestorben sei.

Zeittafel

	Ereignisgeschichte	Kulturgeschichte
8./7. Jh. v. Chr.		Entstehung der homerischen Epen *Ilias* und *Odyssee*
753 v. Chr.	Gründung Roms (der Sage nach)	
ca. 500 v. Chr.	Vertreibung der Könige, Entstehung der Republik	
451/449 v. Chr.	Zwölftafelgesetz	
		Platon (427–347 v. Chr)
um 308/07 v. Chr.		Gründung der Stoa (*Zenon*) und des Kepos (*Epikur*)
287 v. Chr.	Ende der Ständekämpfe (lex Hortensia)	
264–146 v. Chr.	Punische Kriege; Rom wird Vormacht im Mittelmeerraum	
133–31 v. Chr.	Jahrhundert der Bürgerkriege	Prosaschriftsteller: *Caesar, Cicero, Livius, Vitruv* Dichter: *Vergil, Horaz, Ovid*
ab 27 v. Chr.	Ende der Republik, Beginn des Prinzipats mit der Alleinherrschaft des Augustus (27 v. Chr.–14 n. Chr.)	
1./2. Jh. n. Chr.	Prinzipat	*Seneca, Martial, Tacitus, Juvenal, Plinius*
2./3. Jh. n. Chr.		Ausbreitung des Christentums trotz Christenverfolgungen, *Tertullian*
4. Jh. n. Chr.	Beginn der Völkerwanderung, Teilung des römischen Reiches in einen West- und einen Ostteil	Toleranzedikt Kaiser Konstantins: Ende der Christenverfolgungen 391 n. Chr.: Christentum wird Staatsreligion
476 n. Chr.	Ende des Weströmischen Reiches	
		Benedikt von Nursia (ca. 485–555 n. Chr.)
1453 n. Chr.	Untergang des Oströmischen Reiches	
15./16. Jh. n. Chr.	Fahrten des Christoph Kolumbus (1492–1504 n. Chr.)	»Wiederentdeckung« der Antike durch die Humanisten (u.a. *Erasmus von Rotterdam*)

Das Jahrhundert der Bürgerkriege und das Ende der Republik

	Ereignisgeschichte
133–121 v. Chr.	Reformversuche der Gracchen scheitern
88–82 v. Chr.	Bürgerkrieg Marius – Sulla
82–79 v. Chr.	Diktatur Sullas; Proskriptionen
73–71 v. Chr.	Sklavenaufstand unter Spartacus
63 v. Chr.	Konsulat Ciceros
60 v. Chr.	1. Triumvirat (Bündnis zwischen Caesar, Pompeius, Crassus)
58–51 v. Chr.	Eroberung Galliens durch Caesar
49–46 v. Chr.	Bürgerkrieg Caesar – Pompeius;
	Nach seinem Sieg wird Caesar Diktator auf Lebenszeit und damit Alleinherrscher
44 v. Chr.	Ermordung Caesars
43 v. Chr.	2. Triumvirat (Bündnis zwischen Antonius, Lepidus, Octavian); Proskriptionen, denen auch Cicero zum Opfer fällt
42 v. Chr.	gemeinsamer Kampf von Antonius, Lepidus und Octavian gegen die Caesarmörder und Sieg in der Schlacht von Philippi
32–31 v. Chr.	Bürgerkrieg Octavian – Antonius
	Octavian besiegt Antonius in der Schlacht von Actium und wird Alleinherrscher in Rom
27 v. Chr.	Octavian erhält den Titel Augustus; die Republik wird zum Prinzipat
27 v. Chr.–14 n. Chr.	Herrschaft des Augustus

Alphabetisches Verzeichnis der Vokabeln

Die erste Ziffer bezeichnet jeweils die Lektion, in der die Vokabel eingeführt wird. Die zweite Ziffer bezeichnet die Lektion, in der weitere Bedeutungen oder die Stammformen eingeführt werden.

ā 7	von
ab 7	von
abesse 7	abwesend sein
abīre 7	weggehen
ac 11	und
accēdere 18	herankommen, sich nähern
accendere 17	anzünden, entzünden, entflammen
accidere 25	vorfallen, sich ereignen
accipere 9	annehmen, empfangen
accūsāre (dē) 20	anklagen (wegen)
ācer 16	scharf, heftig, erbittert
ad 2	zu, an, bei
ad rem pūblicam accēdere 19	sich der Politik widmen, sich politisch betätigen
addere 10	hinzutun; hinzufügen
adesse 5	da sein; helfen
adimere 27	wegnehmen; an sich nehmen
adīre 7	aufsuchen
adiuvāre 3, 10	unterstützen, helfen
administrāre 27	leiten, verwalten
admīrātiō 17	Bewunderung
admodum 28	sehr
adōrāre 8	anbeten, verehren
adulēscentia 22	Jugend
advenīre 2, 18	her(bei)kommen, ankommen
adventus 25	Ankunft
advolāre 12	herbeifliegen
aedēs 15	*Sg.:* Tempel; *Pl.:* Wohnhaus
aedificāre 11	bauen
aedificium 21	Gebäude
aegrē 11	kaum; mit Mühe
aegrōtāre 22	krank sein
aemulus 17	Nebenbuhler, Rivale
aequus 18	gleich, gerecht
aequus animus 18	Gelassenheit, Gleichmut
āēr 21	Luft

aes 15	Erz, Bronze
aeternus 26	ewig
afferre 18	herbeibringen
afficere *m. Abl.* 6, 14	*mit etw.* versehen
affirmāre 23	versichern
ager 13	Acker, Feld
agere 3, 24	tun, machen; (be)treiben
agricola 13	Bauer
āiō *usw.* 15	ich sage *usw.*
alere 16	ernähren
aliēnus 16	fremd
aliī … aliī 2	die einen … die anderen
aliquandō 11	einst, irgendwann
aliquem certiōrem facere dē 18	jdn. benachrichtigen über, mitteilen
aliquī, aliqua(e), aliquod *adj.* 15	irgendein, irgendeine, irgendein
aliquid 9	etwas
aliquis, aliqua, aliquid *subst.* 15	irgendeiner, irgendeine, irgendetwas; jemand, etwas
aliter 21	anders
alius 2	ein anderer
alter 13	der eine (von beiden), der andere
amāre 2	lieben, mögen
ambulāre 2	spazieren gehen, schlendern
amīca 2	Freundin
amīcus 2	1. Freund 2. befreundet, freundschaftlich gesinnt
amor 9	Liebe
an? 11	oder (etwa)?
ancilla 2	Sklavin
anima 26	Seele
animadvertere 24	bemerken; tadeln; bestrafen
animus 10	Geist, Sinn
annus 6	Jahr
ante 7	vor
antīquus 12	alt, altertümlich

aperīre 10	öffnen
appārēre 20	erscheinen
appellāre 15	nennen
apportāre 2	her(bei-)bringen, -tragen
appropinquāre 8	sich nähern
apud 2	bei
aqua 8	Wasser
arbitrium 26	Urteil; (freie) Entscheidung
āridus 25	trocken, lechzend
arma 10	Waffen
armātus 15	bewaffnet
arripere 28	an sich reißen, ergreifen
ars 17	Kunst
ascendere 25	hinaufsteigen
at 10	aber, jedoch
atque 11	und
auctor 15	Urheber, Veranlasser, Anstifter; Schriftsteller
audācia 12	Kühnheit
audēre 9	wagen
audīre 1	hören, zuhören
auferre 15	wegtragen, wegschaffen
augēre 23	vermehren, vergrößern
auris 24	Ohr
aurum 28	Gold
aut … aut 17	entweder … oder
aut 3	oder
autem 1	jedoch, aber
auxilium 13	Hilfe
avārus 13	habsüchtig, gierig
āvertere 25	abwenden, abkehren
beātus 8	glücklich
bellum 13	Krieg
bellum gerere 14	Krieg führen
bene 5	gut
benīgnus 23	gütig, freundlich
bēstia 16	(wildes) Tier
bibere 19	trinken
bis 22	zweimal
bonus 2	gut
bōs 12	Rind, Ochse
brevis 16	kurz
caedere 14	fällen; töten
caelum 8	Himmel
campus 4	Feld
candidus 21	weiß
cantāre 10	singen
capere 6, 14	fassen, fangen
capillus 21	Haar

capitis damnāre 18	zum Tode verurteilen
caput 8	Kopf
carēre 16	entbehren
cārissimus 19	liebster, teuerster
cārus 23	lieb, teuer
causa 7, 20	Grund, Ursache; Fall
causā *nachgestellte Präp.* 13	wegen, um … willen
cavēre 3	sich hüten, sich in Acht nehmen
cēdere 7	gehen, weichen, schwinden
celebrāre 10	feiern
celer 28	schnell
cēna 2	Essen, Mahlzeit
cēnāre 8	essen, speisen
cēnsēre 20	meinen
cernere 28	wahrnehmen, entscheiden
certāre 12	(wett-)kämpfen, streiten
certē *Adv.* 12	sicher, bestimmt
certus 12	sicher, bestimmt
cēterī 24	die Übrigen
cēterum 28	übrigens
cibus 2	Speise
cīvis 13	Bürger, Bürgerin
cīvitās 17	Bürgerschaft, Stadt, Staat
clādēs 25	Niederlage, Unglück, Schaden
clāmāre 1	schreien, rufen
clāmor 3	Geschrei
cōgere 13	zusammentreiben; zwingen
cōgitāre 7	überlegen
cōgnōscere 9	erfahren; kennenlernen
colere 13	bebauen, pflegen, verehren
colligere 4	(auf)sammeln
collocāre in aliquō locō 21	an einem Ort aufstellen, einrichten
colloquium 9	Gespräch
color 21	Farbe
committere 14	veranstalten; anvertrauen
commodum 19	Vorteil
commovēre 7, 14	(innerlich) bewegen
comparāre 25	zusammenstellen, vergleichen
cōnātus 22	Versuch, Bemühung
concursus 15	das Zusammenlaufen, Angriff
condere 12	gründen
cōnficere 14	zustande bringen, vollenden; erschöpfen

cōnfitērī 23	gestehen, bekennen
coniūnx 10	Ehemann; Ehefrau
cōnscius 18	bewusst, mitwissend
cōnsentīre 12	übereinstimmen, einer Meinung sein
cōnsilium 8	Rat, Plan
cōnsistere 19	Halt machen, stehen bleiben
cōnstat 23	es ist bekannt, es steht fest
cōnstituere 21	aufstellen, festsetzen, errichten
cōnstruere 21	(er)bauen, errichten
cōnsul 5	Konsul
cōnsulere 4, 10	1. *m. Dat.:* sorgen für 2. *m. Akk.:* um Rat fragen 3. sich beraten
contemnere 27	verachten, gering schätzen
contentus 2	zufrieden, froh
continentia 25	Selbstbeherrschung, Enthaltsamkeit
continēre 23	enthalten, umfassen
contrā 18	gegen
contrārius 19	gegenüberliegend
contrōversia 12	Streit, Meinungsverschiedenheit
convenīre 9	zusammenkommen; treffen
convertere 28	umwenden, verändern; bekehren
convincere 23	(eines Verbrechens) überführen
convīvium 27	Gastmahl
convocāre 16	zusammenrufen
cōpia 14	Vorrat, Menge
cōpiae *Pl.* 14	Truppen
cor 26	Herz
corpus 8	Körper
cōttidiē 25	täglich, Tag für Tag
creāre 16	wählen; erschaffen
crēdere 10	glauben, meinen; vertrauen
crūdēlitās 13	Grausamkeit
culpa 20	Schuld
cum *m. Abl.* 6	mit
cum *m. Ind.* 4, 10	als, wenn, immer wenn; als plötzlich
cum *m. Konj.* 19	als, nachdem; weil; obwohl
cūnctī 4	alle
cupere 5, 10	wünschen, wollen
cupiditās 17	Begierde, Leidenschaft
cupidus 15	(be)gierig
cūr(?) 3	warum(?)

cūra 9	Sorge; Sorgfalt
cūrāre 9	besorgen, sich kümmern um
currere 20	laufen
cursus 21	Lauf, Bahn
cūstōdīre 4	be-, überwachen
cūstōs 15	Wächter
damnāre 18	verurteilen
dare 4, 10	geben
dē 6	von (… herab); über
dea 8	Göttin
dēbēre 1	müssen; schulden
decem 6	zehn
decet 27	es gehört sich; es ziemt sich
decimus 10	zehnter
dēcipere 10	täuschen
dēcrētum 24	Beschluss, Anordnung
dēdere 14	übergeben, ausliefern
dēesse 13	fehlen
dēfendere 12	abwehren, verteidigen
dēferre 23	überbringen; anzeigen
dēficere 25	abnehmen, mangeln, ausbleiben
dēlectāre 1	erfreuen
dēlēre 20	zerstören
dēlīberāre 5	überlegen, sich beratschlagen
dēnique 14	schließlich, endlich
dēns 7	Zahn
dēpellere 13	vertreiben
dēscendere 28	herabsteigen
dēserere 16	verlassen, im Stich lassen
dēsīderium 26	Sehnsucht, Wunsch
dēsinere 10	aufhören
dēspērāre 18	verzweifeln
dētinēre 10	abhalten
dētrīmentum 25	Schaden
deus 8	Gott
dīcere 9	sagen
diēs 5	Tag
difficilis 16	schwer, schwierig
dīgnitās 16	Würde
dīgnus *m. Abl.* 16	*einer Sache* würdig
dīligere 13	schätzen, lieben
dīmittere 3, 23	entlassen, fortschicken
discēdere 28	weggehen
discere 1	lernen
discipulus 1	Schüler
dispōnere 21	verteilen, ordnen, anlegen
disputāre 5	diskutieren, streiten

distāre ab 21	entfernt sein von; sich unterscheiden von
diū 6	lange
dīves16	reich
dīvīnus 21	göttlich
docēre 18	lehren
dolēre 22	Schmerz empfinden; traurig sein; bedauern
dolor 8	Schmerz
dolus 10	List
domesticus 27	häuslich; zum Haus gehörend
domī 11	zu Hause
domina 2	Hausherrin
dominus 2	(Haus-)Herr
domō 11	von zu Hause
domum 11	nach Hause
domus 11	Haus
dōnum 10	Geschenk
dormīre 3	schlafen
dubitāre 23	zweifeln, zögern
dūcere 17	führen
dum *m. Ind. Präs.* 7	während; solange
duo 23	zwei
duodecim 12	zwölf
dūrus 4	hart
dux 14	Führer, Heerführer
ē 7	aus … heraus; von
ē contrāriō 19	im Gegenteil
ēbriētās 22	Trunkenheit
ēbrius 22	betrunken
ēducāre 13	aufziehen, erziehen
efficere 18	bewirken, hervorbringen
effugere 11	(ent)fliehen
egēre 22	entbehren; nötig haben
egō 3	ich
ēgregius 21	ausgezeichnet, hervorragend
ēligere 26	auswählen
emere 2	kaufen
enim 5	nämlich
epistula 28	Brief
eques 13	Reiter, Ritter
equus 10	Pferd
ergō 27	also
errāre 1	einen Fehler machen, (sich) irren
error 1	Irrtum, Fehler
ēruditus 27	gebildet

esse 1	sein
est 1	er, sie, es ist (*Inf.:* sein)
et … et 4	sowohl … als auch
et 1	und; auch
etiam 1	auch; sogar
etsī 15	auch wenn
ex 7	aus … heraus; von
excitāre 15	aufwecken, antreiben
exemplum 23	Beispiel
exercēre 22	üben
exercitus 11	Heer
exhaurīre 21	ausschöpfen, leeren
exigere 28	fordern; ausführen, vollenden
exiguus 21	klein, gering, unbedeutend
exīre 7	hinausgehen
expellere 16	vertreiben
explicāre 21	erklären, ausführen
explōrāre 14	erkunden, erforschen
expūgnāre 10	erobern
exspectāre 2	erwarten
exstruere 14	aufbauen, errichten
extrēmus 28	äußerster, letzter
fābula 1	Geschichte, Fabel
facere 12	machen, tun, herstellen
facilis 28	leicht; freundlich
facilius 17	leichter
factum 26	Tat; Tatsache
facultās 24	Möglichkeit
fāma 15	Ruf, Gerücht
famēs 13	Hunger
familiāritās 27	vertrauter Umgang; Freundschaft
fānum 15	Heiligtum, Tempel
favēre *m. Dat.* 6	*jdn.* unterstützen, *jdm.* gewogen sein
fēlīx 16	glücklich
fēmina 9	Frau
ferē 19	ungefähr, etwa
ferre 15	bringen, tragen; ertragen
fessus 3	müde, erschöpft
fidēlis 23	treu, zuverlässig; aufrichtig
fidēs 9	Treue, Zuverlässigkeit; Vertrauen; Glaube
fierī 23	werden; geschehen; gemacht werden
fīlia 8	Tochter
fīlius 8	Sohn
fīnīre 13	beenden

fīnis 12	*Sg.:* Grenze, Ende; *Pl.:* Gebiet
firmāre 22	kräftigen, stärken
firmus 9	fest; zuverlässig; sicher
flectere 7	(um)drehen, biegen
flēre 7, 18	(be)weinen
fōrma 17	Gestalt, Form; Schönheit
fortasse 13	vielleicht
fortis 21	tapfer
fortitūdō 21	Tapferkeit
forum 10	Marktplatz
frāter 12	Bruder
frīgidus 21	kalt
frūmentum 4	Getreide, Weizen
fuga 6	Flucht
fugere 5	fliehen
fundere 21	ausgießen, zerstreuen
gaudēre 5, 22	sich freuen
gaudium 4	Freude
gemere 10	seufzen; stöhnen
genius 24	Geist, Schutzgeist
gens 11	Volk(sstamm); (vornehme) Familie
genus 17	Geschlecht, Art
gerere 14	tragen; (aus)führen
gignere 19	erzeugen, hervorbringen
gladius 6	Schwert
glōria 13	Ruhm
gradī 26	(be)schreiten
gradus 22	Schritt, Stufe
Graecus 1	griechisch
grātia 24	Ansehen; Dank; Gunst
grātiās agere 24	Dank sagen
grātuītō 20	unentgeltlich, umsonst
grex 9	Herde
habēre 5, 9	haben, halten
habitāre 12	wohnen
herī 9	gestern
hīc 3	hier
hic, haec, hoc 12	dieser, diese, dieses
hodiē 2	heute
homō 5	Mann, Mensch
honestus 17	ehrenhaft
honor 14	Ehre, Ehrung
hōra 18	Stunde
horreum 4	Scheune
hortus 4	Garten
hospes 9	Gast(freund); Fremder
hostis 12	Feind

hūmānus 23	menschlich; gebildet; freundlich
iacere 6	schleudern, werfen
iactāre 20	werfen
iam 6	schon, jetzt, gleich
ibī 3	da, dort
īdem, eadem, idem 20	derselbe
idōneus 12	geeignet
igitur 12	also
īgnis 25	Feuer
īgnōrāre 8	nicht kennen, nicht wissen
ille, illa, illud 12	jener, jene, jenes
imāgō 23	Bild
imber 25	Regen
immō 28	im Gegenteil
imperātor 6	Kaiser, Feldherr
impetus 15	Angriff, Ansturm, Überfall
implēre 19	erfüllen
impōnere 12	auf *etw.* setzen, stellen, legen
improbus 15	schlecht, unredlich, unverschämt
in animō habēre 10	beabsichtigen
in fugam dare 6	in die Flucht schlagen
in *m. Abl.* 6	in, auf
in *m. Akk.* 5	in (… hinein); nach
in mātrimōnium dūcere 17	heiraten *(vom Mann aus gesehen)*
in tempore 20	rechtzeitig
incēdere 28	einhergehen; eindringen
incendere 11	anzünden, in Brand stecken
incertus 22	unsicher, ungewiss
incipere 12	anfangen, beginnen
incitāre 19	antreiben, erregen, aufhetzen
incola 28	Einwohner
incommodum 25	Nachteil, Niederlage
inde 28	von dort; von da an
indīgnus 16	unwürdig
īnfēlīx 27	unglücklich
īnferre 25	hineintragen, zufügen
īnfimus 25	unterster, niedrigster
ingenium 12	Anlage, Begabung, Talent
ingēns 16	riesig
inimīcus 26	feindlich; *subst.:* Feind
iniūria 20	Unrecht, Ungerechtigkeit
innocēns 25	unschuldig, rechtschaffen

innocentia 25	Unbescholtenheit, Rechtschaffenheit
inquit *eingeschoben* 7	er/sie sagt(e)
īnscrībere 19	mit einer Inschrift versehen, betiteln
īnstruere 23	unterrichten, unterweisen
īnsula 28	Insel
intellegere 27	erkennen; verstehen, einsehen
inter 9	unter, zwischen
interdum 5	manchmal
intereā 6	unterdessen, inzwischen
interesse 8	dabei sein, teilnehmen
interficere 14	töten
interim 2	inzwischen, unterdessen
interitus 11	Untergang
interrogāre 21	fragen
intrāre 1	betreten
invenīre 1, 10	finden
invidia	Neid
invītāre 2	einladen
ipse, ipsa, ipsum 13	selbst, gerade
īra 9	Zorn
īrātus 1	zornig
īre 3	gehen
is, ea, id 7	dieser, diese, dies(es); er, sie, es
iste, ista, istud 12	dieser (da), diese (da), dieses (da)
ita 19	so
itaque 2	und so, daher, deshalb
item 24	ebenso, auch
iter 16	Weg, Reise
iterum 10	wiederum
iubēre 5, 12	beauftragen, befehlen
iūdex 20	Richter
iūdicium 20	Urteil, Gericht, Meinung
iūrāre per 24	schwören bei
iūs 20	Recht
iussū 11	auf Befehl
iūstus 24	gerecht
iuvat 1	es bereitet Freude
iuvenis 20	junger Mann
iuventūs 17	Jugend
labor 3	Arbeit; Anstrengung, Mühe
labōrāre 3, 8	1. arbeiten; sich bemühen 2. leiden

lacrima 7	Träne
laedere 7	verletzen
laetus 9	froh, fröhlich
laudāre 1	loben
lavāre 22	waschen
lavārī 22	sich waschen, baden
lectus 2	Bett, Sofa
legere 1, 23	lesen
leō 25	Löwe
levis 25	leicht, geringfügig
lēx 16	Gesetz
libenter 1	gern
liber 19	Buch
līber *Adj.* 8	frei
līberālis 28	vornehm; freigebig
līberāre 8	befreien
līberī 13	Kinder
lībertās 16	Freiheit
licēre 1	erlaubt sein
licet 1	es ist erlaubt, man darf
lingua 27	Zunge; Sprache
loca 6	Gegend
locus 6	Ort, Platz, Stelle
longē 15	weit, fern
longus 7	lang, weit
loquī 28	reden, sprechen
lūdere 5	spielen
lūx 6	Licht
maestus 11	traurig
magister 3	Lehrer
māgnus 1	groß
māiestās 28	Größe, Würde, Majestät
māior 23	größer
māiōrēs 5	Vorfahren
maledīcere 23	schmähen, beleidigen
mālle 24	lieber wollen
malus 14	schlecht
manēre 7, 20	bleiben
manus 11	Hand; Schar
mare 28	Meer
marītus 17	Ehemann
mātrimōnium 17	Ehe
mātrōna 27	(verheiratete/ehrbare) Frau
maximē 4	besonders
maximus 8	größter
mē 3	mich
medicus 22	Arzt
melior 18	besser
melius 20	besser

memor 18	sich erinnernd, denkend an
mēns 21	Verstand, Gedanke, Sinn
mēnsa 2	Tisch
mercātor 2	Kaufmann
merīdiēs 21	Mittag; Süden
metus 11	Angst, Furcht
meus 7	mein
mihi 8	mir
mīles 13	Soldat
mīlle 18	tausend
minimē 23	keineswegs, überhaupt nicht
minimus 23	kleinster, geringster
minus 15	weniger
mīrāri 22	sich wundern
miser 3	arm; elend
miseria 25	Unglück, Elend
misericordia 20	Mitleid
mittere 13	loslassen, schicken
modestia 17	Bescheidenheit, Mäßigung
modo … modo 22	bald … bald
modus 12	Art und Weise; Maß
moenia 25	Stadtmauer
monachus 26	Mönch
monastērium 26	Kloster
mōns 9	Berg
mōnstrāre 4	zeigen
mora 24	Aufschub, Zeit(raum)
morbus 15	Krankheit
mōre 20	nach der Sitte
mors 10	Tod
mortem obīre 18	sterben
mōs 20	Sitte
movēre 22	bewegen
mox 12	bald (darauf)
muliebris 27	weiblich
mulier 9	Frau
multitūdō 19	Menge, Masse
multō *beim Komparativ* 23	um vieles, viel
multum 18	viel
multus 2	viel
mundus 8	Welt(all)
mūnītiō 14	Befestigung; Schanzarbeit
mūrus 22	Mauer
nam 1	denn
nārrāre 9	erzählen
nātus 21	geboren
nauta 28	Seemann, Matrose

nāvigāre 22	segeln, mit dem Schiff fahren
nāvis 11	Schiff
nē … quidem 4	nicht einmal
-ne *angehängt* 3	*(Fragezeichen)*; ob
nē *m. Konj.* 17	1. dass nicht, damit nicht 2. wenn nur nicht, hoffentlich nicht
nec 17	und nicht, auch nicht, aber nicht
necāre 6	töten
necessārius 16	notwendig
necesse est 13	es ist notwendig
necessitās 24	Notwendigkeit
nefārius 15	frevelhaft, verbrecherisch
negāre 15	verneinen, bestreiten
neglegere 6	nicht beachten, vernachlässigen
nēmō 2	niemand
nēmō nostrum 24	keiner von uns
neque … neque 8	weder … noch
neque 8	und nicht, auch nicht, aber nicht
nescīre 13	nicht wissen
niger 21	schwarz
nihil 3	nichts
nihil nisī 19	nichts außer
nisī 19	wenn nicht
nōbīs 4	uns
noctū 15	nachts
nōlle 24	nicht wollen
nōmen 8	Name
nōn 1	nicht
nōn iam 1	nicht mehr
nōn īgnōrāre 8	genau kennen
nōndum 9	noch nicht
nōnne? 3	denn nicht? (etwa) nicht?
nōnnūllī 4	manche
nōs 3	wir; uns
nōscere 11	kennenlernen, erkennen; erfahren
noster 12	unser
novus 5	neu
nox 3	Nacht
nūbere 17	heiraten *(von der Frau aus gesehen)*
nūdus 28	nackt
nūllus 19	kein
num(?) 3	etwa?; ob

numerāre 5	zählen
numerus 12	Anzahl
nummus 20	Münze
numquam 10	niemals
nunc 1	jetzt, nun
nūntius 11	Bote, Botschaft
nūper 16	neulich
ō! 7	o! ach!
obīre 18	entgegengehen
oblīvīscī 27	vergessen
oboedientia 26	Gehorsam
obsecrāre 16	beschwören, dringend bitten
observāre 26	beobachten; beachten, befolgen
obsīdere 14	besetzen
obsidiō 14	Belagerung
obviam 19	entgegen
occidere 10	untergehen; sterben
occupāre 26	einnehmen, besetzen; beschäftigen
oculus 7	Auge
odium 10	Hass
offendere 17	verletzen, beleidigen
offerre 15	anbieten
officium 19	Pflicht, Dienst
omnīnō 26	ganz und gar, völlig
omnis 16	ganz, jeder; *Pl.*: alle
onerāre 14	belasten, beladen
onus 18	Last
oportet 15	es ist nötig
oppidum 12	(befestigte) Siedlung, (kleine) Stadt
opprimere 3, 14	überfallen; niederdrücken
oppūgnāre 10	bestürmen; angreifen
optāre 17	wünschen
optimus 21	bester; sehr gut
opus 16	Werk
opus est *m. Abl.* 16	*(eine Sache)* ist nötig
ōra 11	Küste
ōrāre 7	reden, bitten
ōrātiō 5	Rede
ōrātiōnem habēre 5	eine Rede halten
orbis 9	Kreis
orbis terrārum 9	Erdkreis
ōrdō 26	Ordnung; Stand, Klasse; Orden
ōrnāre 2	ausstatten, schmücken
ōs 8	Mund, Gesicht
ōtium 4	freie Zeit
paene 7	fast, beinahe
pār 18	gleich
parāre 2	vorbereiten
parātus 6	bereit
pārēre 11	gehorchen
parere 27	hervorbringen, erzeugen
pariter 18	gleich, in gleicher Weise
pars 5	Teil
particeps 24	beteiligt, teilnehmend
parum 27	zu wenig
parvus 4	klein
pāstor 9	Hirte
pater 8	Vater
patria 11	Vaterland
patricius 16	Patrizier
paucī 5	(nur) wenige
paulō post 6	kurz darauf
pauper 25	arm
peccāre 26	sündigen; eine Verfehlung begehen
pecūnia 2	Geld
pedes 13	Fußsoldat, Infanterist
per 2	durch … hindurch
perdere 13	zugrunde richten, vernichten
pergere 23	fortfahren
perīculōsus 20	gefährlich
perīculum 10	Gefahr
permittere 11	erlauben, zulassen
permultī 28	sehr viele
persevērāre *m. Inf.* 23	fortfahren, weiterhin tun
perturbāre 22	(völlig) verwirren
pervenīre 28	hinkommen, (hin)gelangen
pēs 7	Fuß
pessimus 23	schlechtester
philosophia 18	Philosophie
philosophus 18	Philosoph
piger 4	faul
pila 20	Ball
plācāre 25	besänftigen, versöhnen
placēre 1, 9	gefallen
placet 24	man beschließt
plēbs 5	(einfaches) Volk, Plebs
plēnus 5	voll
plūrimī 19	die meisten
plūs 16	mehr
poēta 27	Dichter

pollicērī 28	versprechen
pōnere 12	setzen, legen, stellen
populāris 25	Volks-, des Volkes
populus 4	Volk
porta 7	Tür, Tor
portāre 2	tragen, bringen
posse 3	können
possessiō 28	Besitz
possidēre 8	besitzen
post 3	nach, hinter
posteā 5	später
postquam 11	nachdem
postrēmō 18	schließlich
postrīdiē 4	am folgenden Tag
postulāre 10	fordern
potentia 8	Macht
potius 24	vielmehr, lieber
praebēre 24	hinreichen, darreichen
praeceptum 18	Vorschrift, (An-)Weisung
praeclārus 14	herrlich; berühmt
praedicāre 27	rühmen; laut verkünden
praeficere 17	an die Spitze stellen
praemium 16	Belohnung
praesidium 14	Schutztruppe, Posten
praestat 18	es ist besser
praeter 17	außer
praetereā 8	außerdem
pretium 13	Preis, Wert, Geld
prīmō 21	anfangs, zuerst
prīmus 6	erster
prīnceps 17	der Erste, Anführer; *adj.:* erster; *Titel der röm. Kaiser*
prīncipātus 12	führende Stellung, Vorrang
prius 9	früher
prīvāre 21	berauben, befreien
prīvātus 17	privat, persönlich
prō 16	für; anstelle von
prōcōnsul 24	Prokonsul, Statthalter
prōdere 8	verraten
prōdesse 22	nützen
proelium 14	Schlacht, Gefecht
proelium committere 14	ein Gefecht beginnen/schlagen
prohibēre, nē 17	verhindern, dass
prōmittere 9	versprechen
properāre 5	eilen, schnell gehen
proprius 26	eigen; eigentümlich
prōvincia 17	Provinz
prūdentia 10	Klugheit
pūblicus 5	öffentlich
pudor 27	Scham(gefühl); Ehrgefühl
puella 27	Mädchen
puer 18	Junge
pūgna 6	Kampf
pūgnāre 6	kämpfen
pulcher 8	schön
pulcherrimus 9	schönster; sehr schön, wunderschön
pūnīre 23	bestrafen
putāre 8	glauben, meinen; *mit doppeltem Akk.:* halten für
quaerere 7, 11	suchen, fragen nach
quam 15, 23	1. wie 2. *nach Komparativ:* als 3. *m. Superlativ:* möglichst
quamobrem? 27	weshalb?
quamquam 9	obwohl, obgleich
quantus(?) 14	wie groß(?), wie viel(?)
quārē? 19	warum?
quasi 14	gleichsam, wie
-que 4	und
querī 25	sich beklagen
quī, quae, quod 8	welcher, welche, welches; der, die, das
quia 26	weil
quid? 3	was?
quīdam, quaedam, quiddam *subst.* 14	jemand, etwas; *Pl.:* einige
quīdam, quaedam, quoddam *adj.* 14	ein gewisser, (irgend)ein
quidem 6	zwar, wenigstens, allerdings
quiēs 19	Ruhe
quiēscere 22	ruhen
quīn etiam 11	ja sogar
Quirītēs! 16	Bürger! *(Anrede an die röm. Bürger)*
quis? 9	wer?
quisquam, quicquam 26	(irgend)jemand, (irgend) etwas
quōmodo? 13	auf welche Weise?
quō? 19	wohin?
quod 2	da, weil; dass
quoniam 24	da ja
quot(?) 14	wie viele(?)
rādere 20	rasieren

rapere 15	eilig ergreifen; rauben
ratiō 27	Vernunft
rē vērā 6	tatsächlich, in Wirklichkeit
recordārī 24	sich erinnern; bedenken; nachdenken
rēctē 21	richtig
reddere 16, 22	1. zurückgeben 2. *mit doppeltem Akk.: zu etw.* machen
redīre 7	zurückgehen
redūcere 14	zurückführen
referre 15	bringen, berichten
referre in aliquid 15	unter etw. verbuchen
rēgia 9	Königsburg, königlicher Palast
rēgīna 11	Königin
regiō 12	Gebiet
rēgnum 7	Königreich, Herrschaft
rēgula 26	Regel
religiō 24	Frömmigkeit, Religion
religiōsus 24	ehrwürdig, verehrt
relinquere 10	verlassen; zurücklassen
reparāre 4	reparieren, ausbessern
repellere 15	zurückschlagen
reperire 28	finden, entdecken
rēs 5	Sache
rēs novae 5	Umsturz
rēs pūblica 5	Republik, Staat
respondēre 20	antworten; Bescheid geben
restāre 18	übrig bleiben
retinēre 18	zurückhalten
reverentia 11	Ehrfurcht, Respekt
revertī 28	zurückkehren
rēx 9	König
rīdēre 7, 12	lachen
rītus 24	Brauch, Ritus
rōbur 10	Kraft
Rōmānus 4	1. Römer 2. römisch
rūrī 22	auf dem Land
sacer 15	heilig
sacrum 24	Heiligtum, Gottesdienst
saeculum 23	Zeitalter, Jahrhundert
saepe 1	oft
saepius 22	öfter
saevus 11	grausam
salūs 4	Wohlergehen
salūtāre 1	(be)grüßen
salūtem dīcere 14	grüßen
salvē! 3	Sei gegrüßt! Guten Tag!
sānctus 28	heilig
sanguis 21	Blut
sānus 22	gesund
sapere 27	weise/klug sein, seinen Verstand gebrauchen
sapiēns 19	weise
sapientia 8	Weisheit
satis 18	genug
scelus 15	Verbrechen
scelus committere 15	ein Verbrechen begehen
scīre 5, 20	wissen
scrībere 1, 9	schreiben
sē 7	*Akk. und Abl. des Reflexivpronomens*
sē exercēre 22	sich üben, trainieren
sed 4	aber; sondern
sēdēs 16	Sitz, Wohnsitz
sella 20	Stuhl, Sessel
semel 22	einmal
semper 3	immer
senātor 4	Senator
senātus 19	Senat
senectūs 18	(hohes) Alter
seniōrēs 26	die Älteren
sentīre 7	fühlen, meinen, merken
sequī 22	folgen
sermō 17	Gespräch, Rede; Sprache
sērō 20	(zu) spät
servāre 13	retten, bewahren
servīre 19	dienen, Sklave sein
servus 2	Sklave
sevērus 23	ernst, streng
sex 12	sechs
sextus 21	sechster
sexus 28	Geschlecht
sī 7	wenn, falls
sibī 7	*Dat. des Reflexivpronomens*
sīgnum 6, 15	Zeichen; Götterbild, Statue
silentium 5	Ruhe, Stille, Schweigen
simplex 24	einfach, ehrlich
simplicitās 24	Einfachheit, Aufrichtigkeit
simulācrum 15	(Stand-)Bild
simulāre 17	vortäuschen; so tun, als ob
sīn 23	wenn aber
sine 6	ohne
sitis 13	Durst
situs 14	gelegen, liegend

socius 11	Gefährte, Kamerad; Bundesgenosse
sōl 7	Sonne
solēre 22	pflegen, gewohnt sein
sollicitāre 19	beunruhigen
sōlum 3	allein, nur
sōlus 25	allein
somnus 27	Schlaf
sordidus 17	schmutzig, gemein
sors 10	Los; Schicksal
spatium 24	Raum, Zeitraum
spectāre 3	betrachten; schauen
spēs 6	Hoffnung, Erwartung
stāre 8	stehen
statim 24	sofort
studēre 1, 5	1. sich bemühen, versuchen 2. *m Dat.:* sich bemühen *um*
studiōsus 25	eifrig bemüht
studium 20	Eifer, Beschäftigung; Studium
stultissimus 18	dümmster, sehr dumm
stultus 18	dumm
suāvis 27	süß, angenehm
sub 21	unter
subicere 21	unterwerfen
subīre 19	unter etw. gehen, auf sich nehmen
subitō 4	plötzlich
summus 20	höchster
sunt 2	sie sind
superāre 8	übertreffen
superesse 27	übrig sein; überleben; (reichlich) vorhanden sein
superstitiō 23	Aberglaube
supplicium 23	Todesstrafe
suus 5	sein, ihr
tabula 24	Tafel
tacēre 3	schweigen; verschweigen
tālis 26	so beschaffen, derartig
tam 2	so
tamen 5	dennoch, trotzdem
tamquam 23	gleichwie, gleichsam
tandem 7	endlich, schließlich
tangere 7	berühren
tantum 19	nur
tantus 17	so groß; so viel
tē 3	dich
tēctum 4	Dach
tegere 28	(be)decken
tēlum 15	Waffe
temperāre 21	mäßigen
tempestās 11	Unwetter, Sturm; Wetter
templum 15	Tempel
tempore 20	rechtzeitig
temptāre 5	versuchen; angreifen
tempus 8	Zeit
tenebrae 18	Dunkelheit, Finsternis
tenēre 1	halten
terra 9	Erde
terrēre 13	erschrecken
terror 6	Schrecken
tertiō 23	zum dritten Mal
tertius 23	dritter
tibi 7	dir
timēre 1	fürchten
timēre, nē 17	fürchten, dass
timēre, ut 17	fürchten, dass nicht
timor 1	Furcht
tollere 14	auf-, emporheben; beseitigen
tot *undekl.* 15	so viele
tōtus 6	ganz
tractāre 20	behandeln
trādere 26	übergeben, anvertrauen; überliefern
trahere 10	ziehen; schleppen
tranquillitās 19	Ruhe
tranquillus 19	ruhig
trānsīre 12	(hin)übergehen; überschreiten
trēs 28	drei
tribūnus 16	Tribun *(röm. Beamter)*
tribūnus plēbis 16	Volkstribun
trīgintā *undekl.*24	dreißig
tū 3	du
tum 2	da, dann, darauf; damals
tunc 25	damals, dann
turba 5	Schar, (Menschen-)Menge
turpis 22	schimpflich, schändlich
turris 14	Turm
tūtus 28	geschützt, sicher
tuus 7	dein
ubī prīmum 11	sobald
ubī(?) 11	1. wo(?) 2. sobald
ubīque 4	überall
ūllus 15	irgendein
ultimus 10	letzter
umbra 7	Schatten

umquam 17	je(mals)
ūniversus 24	gesamt; *im Pl.:* alle
ūnus 12	ein, einer
urbs 6	(Groß-)Stadt
ūsque ad 26	bis zu
ut ... ita 21	zwar ... aber
ut 9, 17, 18	1. wie 2. *m. Konj.:* dass, damit; (so)dass
ut nōn *m. Konj.* 18	(so)dass nicht
uterque, utraque, utrumque 28	jeder (von beiden)
ūtī 22	benutzen, gebrauchen
ūtilis 28	nützlich
utinam *m. Konj.* 17	wenn doch, hoffentlich
utinam nē *m. Konj.* 17	wenn nur nicht, hoffentlich nicht
utique 27	jedenfalls
uxor 2	(Ehe-)Frau
vacāre 26	Zeit haben, sich widmen
valdē 1	sehr
valē! 3	leb wohl!
valēre 3	gesund sein, stark sein
varius 22	bunt, verschieden
vehemēns 27	heftig
vehere 3	transportieren; fahren
vel 16	oder
velle 24	wollen
velut 22	wie zum Beispiel; gleichsam
vēnārī 22	jagen
vendere 2, 14	verkaufen
venerārī 23	verehren, anbeten
venīre 2, 20	kommen
verbum 6	Wort
vērē 19	wirklich, tatsächlich
verērī 22	fürchten
vērō 19	aber
vērus 6	wahr, echt, aufrecht
vesper 20	Abend
vesperī 20	am Abend, abends
vester 8	euer
vetus 25	alt
vexāre 16	quälen
via 2	Weg, Straße
vīcīna 3	Nachbarin
vīcīnus 3	Nachbar; benachbart
victōria 6	Sieg
vidēre 4, 10	sehen
vidērī 22	scheinen
vīlica 4	Gutsverwalterin
vīlicus 4	Gutsverwalter
vīlla 4	Landhaus, -gut
vincere 10	(be)siegen
vīnum 19	Wein
vir 5	Mann
virtūs 8	Tapferkeit, Tüchtigkeit, Leistung
vīs 28	Kraft, Gewalt
vīsitāre 3	besuchen
vīta 4	Leben
vitium 17	Fehler, Laster
vituperāre 1	tadeln
vīvere 11	leben
vōbīs 7	euch
vocāre 3	rufen
volāre 20	fliegen
voluptās 19	Vergnügen, Lust
vōs 3	ihr; euch
vōx 6	Stimme
vulnerāre 14	verwunden, verletzen
vulnus 8	Wunde

Namenregister

Abel: erstes Mordopfer der Menschheit, wurde von seinem Bruder → Kain erschlagen

Abraham: Stammvater des Volkes Israel

Achilleus: griechischer Held vor → Troja; fast unverwundbar (Achillesferse)

Aeneas: Trojaner, Vater von → Ascanius, Sohn von Anchises und → Venus, Stammvater Roms

Agrippina (die Jüngere): 15–59 n. Chr., Frau des → Claudius, Mutter → Neros

Alba Longa: antike Stadt 20 km südöstlich von Rom (heutiges Castel Gandolfo)

Amulius: Bruder von → Numitor, wollte → Romulus und → Remus im → Tiber ertränken lassen

Ariadne: half → Theseus, aus dem Labyrinth des Minotaurus herauszufinden (Ariadnefaden)

Ascanius: Sohn des → Aeneas

Augustus: 63 v. Chr.–14 n. Chr., erster römischer Kaiser

Aventin: → Sieben Hügel Roms

Benedikt von Nursia: ~480–547 n. Chr., gründete den Benediktinerorden

Caesar, Gaius Iulius: 13. Juli 100–15. März 44 v. Chr., römischer Staatsmann, Feldherr und Schriftsteller

Cannae: 216 v. Chr. besiegte Hannibal dort die Römer

Carthago: Hauptstadt der Karthager in Nordafrika

Cerberus: Höllenhund mit drei Köpfen

Cicero, Marcus Tullius: 106–43 v. Chr., römischer Anwalt und Philosoph, berühmter Redner

Claudius: römischer Kaiser von 41–54 n. Chr.

Columbus, Christoph: 1451 (?)–1506 n. Chr., segelte unter spanischer Flagge nach Westen

Dido: erste Königin von → Carthago, Geliebte des → Aeneas

Dis: → Pluto

Discordia: Göttin der Zwietracht

Domitian: römischer Kaiser von 81–96 n. Chr.

Esquilin: → Sieben Hügel Roms

Eurydike: starb am Tage ihrer Hochzeit mit → Orpheus

Ferdinand II.: König von Spanien von 1479–1516

Hecuba: Mutter des → Paris

Heine, Heinrich: 1797–1856, deutscher Dichter und Journalist

Hector: Bruder des → Paris

Hercules: Halbgott, Sohn des → Iuppiter, musste zwölf Aufgaben erfüllen (Herkulesaufgaben)

Idomeneus: König von Kreta, einer der Helden im trojanischen Pferd → Troja

Iulus: → Ascanius

Iuppiter: griech. Zeus, Göttervater

Jules Verne: 1828–1905, französischer Schriftsteller, Begründer des Science-Fiction-Romans

Kain: erschlug seinen Bruder → Abel

Kleanthes: ~331–232 v. Chr., stoischer Philosoph aus Assos

Konstantin: der Große, römischer Kaiser von 306–337 n. Chr.

Kyros II.: ~590–529 v. Chr., König von Persien

Laokoon: trojanischer Priester, warnte vor dem trojanischen Pferd, von → Minerva getötet

Marcus Tullius Tiro: Freigelassener von → Cicero und dessen Nachlassverwalter

Mars: griech. Ares, römischer Kriegsgott

Menelaus: König von Sparta, Gatte der → Helena

Minerva: Tochter des → Iuppiter und Göttin der Weisheit

Nero: römischer Kaiser von 54–68 n. Chr.

Numitor: sagenhafter König von → Alba Longa; Großvater von → Romulus und → Remus

Odysseus: König von Ithaka, einer der Helden im trojanischen Pferd, → Troja

Orpheus: legendärer Sänger, Gatte der → Eurydike

Otho: römischer Kaiser 69 n. Chr.

Ovid: Publius Ovidius Naso, römischer Dichter der augustäischen Zeit

Palatin: → Sieben Hügel Roms

Pallas Athene: → Minerva

Paris: trojanischer Prinz, entführte → Helena nach → Troja und löste so den trojanischen Krieg aus

Paulus: einer der Apostel, Verfasser zahlreicher Briefe im Neuen Testament

Peleus: Vater des → Achilleus und Gatte der → Thetis

Pelops: Sohn des → Tantalus, von diesem geschlachtet und den Göttern vorgesetzt

Penelope: Frau des → Odysseus

Phlegyas: Gestalt der griech. Mythologie

Plinius Secundus, Gaius: römischer Politiker, Augenzeuge des Vesuvausbruchs

Plutarch: 45– ~125 n. Chr., griechischer Historiker

Pluto: griech. Hades, Gott der Unterwelt

Pompeji: Stadt bei Neapel, 79 n. Chr. bei einem Vesuvausbruch zerstört

Pontius Pilatus: römischer Statthalter in Jerusalem zur Zeit Jesu

Pontus: Gebiet um das Schwarze Meer

Priamus: König von → Troia

Proserpina: griech. Persephone, Gattin → Plutos

Remus: Zwillingsbruder von → Romulus, von diesem bei der Gründung Roms erschlagen

Rhea Silvia: Mutter von → Romulus und → Remus

Romulus: sagenhafter Gründer Roms 753 v. Chr.

Sabina Poppaea: Gattin Neros und Exgattin → Othos, von Nero 65 n. Chr. durch Fußtritt getötet

Scipio Africanus Maior: beendete 202 v. Chr. bei Zama den zweiten Punischen Krieg

Seneca: Lucius Annaeus Seneca, 1–65 n. Chr., stoischer Philosoph und Lehrer → Neros

Sieben Hügel Roms: Aventin, Capitol, Caelius, Esquilin, Palatin, Quirinal, Viminal

Sokrates: ~469–399 v. Chr., griechischer Philosoph, zum Tode verurteilt (Schierlingsbecher)

Sychaeus: Gatte der → Dido

Tacitus: ~55–115 n. Chr., römischer Historiker

Tantalus: König von Lydien, Freund der Götter

Tartarus: der tiefste Ort der Unterwelt, entspricht unserer Hölle

Tertullian: ~150–230 n. Chr., christlicher Schriftsteller

Theseus: tötete mit Hilfe von → Ariadne den Minotaurus (halb Stier und halb Mensch)

Thetis: Nymphe, Mutter des → Achilles und Gattin des → Peleus

Tiber: Fluss durch Rom

Tiberius Gracchus: 162–133 v. Chr., römischer Politiker

Trajan: römischer Kaiser von 98–117 n. Chr.

Troja: Stadt im Nordwesten der heutigen Türkei, türk. Hisarlik

Ulixes: → Odysseus

Venus: griech. Aphrodite, Göttin der Liebe

Vercingetorix: ~82–46 v. Chr., Fürst der Arverner, vereinigte die gallischen Stämme gegen Caesar, 52 v. Chr. von diesem in Alesia besiegt

Vergil: 70–19 v. Chr., römischer Dichter, schrieb das Nationalepos Aeneis

Verres, Gaius: römischer Politiker, Statthalter Siziliens von 73–71 v. Chr.

Viminal: → Sieben Hügel Roms

Mare Germanicum
Mare Suebicum
Britannia
Londinium
Rhenus
Visurgis
Albis
Vistula
Germania libera
Germania Inferior
Belgica
Augusta Treverorum
Germania Superior
Lutetia
Lugudunensis
Gallia Transalpina
Alesia
Augusta Raurica
Raetia
Danuvius
Noricum
Pannonia
Gallia
Aquitania
Narbonensis
Mediolanum
Gallia Cisalpina
Genua
Massilia
Dalmatia
Italia
Tiberis
Nursia
Numantia
Hispania
Corsica
Roma
Arpinum
Capua
Neapolis
Brundisium
Tarentum
Baleares
Sardinia
Corduba
Mare Int
Sicilia
Messana
Carthago
Agrigentum
Syracusae
Mauretania
Numidia
Africa Proconsularis
Das Römische Weltreich um 117 n.Chr.
Grenzen des Römischen Reiches
Grenzen der Provinzen
0
500km